PASSAGES

Expériences et Observations d'un Joueur

Alfred Gérard Nœl

PASSAGES

Publication:

JEBCA Editions
www.jebcaeditions.org / info@jebcaeditions.org

Graphiste: Ugens Toussaint

Photos (Couverture): Kattia Thomas

Tous droits Réservés © 2021

Attention : Il est illégal de reproduire ce livre, en tout ou en partie, sous quelque forme ou par quelque procédé que ce soit, sans avoir obtenu, au préalable, l'autorisation écrite de l'auteur.

Dépôt légal:
Bibliothèque Nationale d'Haïti
Bureau National du Livre d'Haïti
Archives Nationales des États-Unis d'Amérique

ISBN 13: 978-1-68084-098-8

21 22 23 24 25 JEBCA 10 9 8 7 6 5 4 3 2 1

Imprimé aux États-Unis d'Amérique

PASSAGES

> Je glisserai sur le viol enflammé qui m'a vu naître
> « De la laitance d'une aube incertaine »[1]. Peut-être …
> Mais j'ai su, de temps en temps,
> Capturer l'évanescente immobilité du temps.
>
> Le Théore Empaillé Alfred G. Noël (2016)

Le « joueur » entra en scène le 15 juillet 1956 à quinze heures et demie, projeté, tout bleuté, des entrailles d'une jeune Port-à-Pimentaise de vingt ans au fond des creuses mains possiblement gantées d'un médecin suffisamment mal payé de l'Hôpital Immaculée Conception des Cayes, chef-lieu du département du Sud d'Haïti dont faisait encore

---
[1] Frankétienne, Les affres d'un défi

partie la Grande-Anse. La date est juste, l'heure est équivoque. Il fut baptisé à l'Église Épiscopale sous le nom d'Alfred Gérard Noël. C'est lui, moi, qui vous parle.

Hôpital HIC-Les Cayes

J'ai retenu le nom mais n'ai revu le presbytère de cette dite église qu'une seule fois, j'ai été sensible à la qualité des meubles. C'était pour récupérer mon certificat de baptême. Les pièces d'identité provenant des archives nationales, comme tout ce qui se rapporte à ce pays d'ailleurs, ne sont pas fiables. C'est ce qui justifie souvent la nécessité des sceaux de la prélature.

Cette singulière visite s'explique par le fait que j'ai perdu la foi assez tôt en Préparatoire I au Collège Frère Odile Joseph des Frères de l'Instruction Chrétienne aux Cayes, école affiliée à l'Institution Saint-Louis de Gonzague à Port-au-Prince. Maints petits Cayens, parfois aux termes d'énormes sacrifices, ont su passer du premier établissement au second. Certains d'entre eux ont fait leur chemin dans les rangs des forces politico-militaires qui depuis ont mis le pays à genoux. D'autres, les moins sulfureux, se retrouvent un peu partout dans les grandes villes occidentales d'où, ébahis, ils contemplent le désastre effréné à distance. Pour adoucir le coup, les plus coriaces se procurent d'un juchoir duveté d'une roucoulante maîtresse bien métissée, âprement et rigoureusement mise en service durant leurs religieuses vacances d'été en République Dominicaine. Et, bien sûr, ils consomment en anglais et en dollars américains, amères contraintes d'un misérable pays dont le racisme invétéré les dégoûte au-delà de toute proportion, surtout quand ils reviennent du Québec où, Dieu merci, on parle encore jalousement quelque chose qui ressemble tant soit peu au français, langue existentielle de nos sournois petits compatriotes.

Pour mieux comprendre l'historique ampleur de mon décrochage religieux, il convient de se faire une idée de la nature de l'éducation haïtienne à l'ère duvaliérienne. L'école primaire consistait en huit années scolaires : Enfantin I, Enfantin II, Préparatoire I, Préparatoire II, Élémentaire I, Élémentaire II, Moyen I, et Moyen II ; au bout desquelles l'élève passe un examen de L'Éducation Nationale pour obtenir le Certificat de fin d'études primaires. Jadis, ce fut un terminus pour la plupart des jeunes gens des milieux urbains. La situation de ceux qui vivent en milieu rural est généralement plus délicate. Je n'en dirai rien de plus. Comme c'en est toujours le cas, la proportion garçons filles tendait à favoriser les premiers. Il faut savoir aussi qu'à cette époque-là, le taux d'alphabétisation vacillait entre cinq et dix pour cent[2]. Une fois le Certificat obtenu, la jeune personne, selon ses moyens financiers ou ses ambitions professionnelles, pouvait intégrer un lycée ou une école secondaire privée, ou s'inscrire à une formation professionnelle dans un centre public ou privé. Cependant, les centres de formation professionnelle étaient peu nombreux et souvent mal équipés, surtout en région. Les jeunes filles avaient aussi le choix d'accéder au Brevet, un cursus de trois ans, dont les deux buts principaux étaient de préparer des institutrices de l'école primaire et des dames à marier. Un enfant des classes moyennes ou privilégiées débute le cycle primaire dès l'âge de cinq ans.

La formation secondaire s'étalait sur sept ans : Sixième, Cinquième, Quatrième, Troisième, Seconde, Première ou Rhétorique, Philosophie ou Classe Terminale. Pour passer de la Première à la Terminale il fallait réussir des examens de Baccalauréat I administrés exclusivement à Port-au-Prince en Juin et en Septembre. Il en était de même pour les examens de Baccalauréat II dont la réussite

---

[2] Perspective Monde, Université Sherbrooke, Québec, Canada

couronna la fin des études secondaires. Si on ne doubla pas on devint bachelier à vingt ans. A partir de la Troisième, le corps estudiantin était divisé en trois groupes : section A où l'on trouvait ceux qui s'intéressaient aux lettres classiques et modernes, section B pour ceux qui voulaient s'adonner aux sciences naturelles et chimiques, et pour finir section C où se cantonnaient les futurs mathématiciens, ingénieurs, et physiciens, la gent masculine y domina, c'étaient des demi-dieux. Certains, même, souffraient mal le préfixe « demi ». Les « intellectuels » de la section A les traitaient de « scientifiques » avec une légère pointe de répugnance sur leurs lèvres.

Il est un fait de l'histoire que le système scolaire de notre chère république a titubé jusqu'en 1860 avec la signature du concordat qui permit à l'Église Catholique de faire mainmise sur le secteur éducatif haïtien. Les prélats étaient d'abord d'origine française. Les Québécois sont arrivés après, les protestants, majoritairement américains, plus tard. Ces écoles dites congréganistes proposent, en général, des meilleurs programmes d'enseignement que ceux qu'on trouve dans les écoles laïques publiques ou privées. Cependant, elles sont toutes privées ou semi-privées, donc hors de portée de la grande majorité des familles haïtiennes.

Durant l'occupation américaine, des écoles professionnelles en agriculture et plus d'un millier d'autres écoles urbaines et rurales ont été créées, reflétant ainsi non seulement un légitime besoin mais aussi le grand débat entre W.E.B. Du Bois et Booker T. Washington concernant le développement socio-économique des noirs- américains. Selon Paul Moral, l'occupant a essayé d'assoir sa domination par le biais d'une éducation pratique, qui, en principe, devrait permettre à la nation haïtienne de se développer selon les lignes directrices de l'impérialisme américain. Je ne suis pas sûr que cette stratégie ait été un succès Les Haïtiens sont férocement rivés à la langue française qu'ils parlent d'ailleurs très peu et maîtrisent moins. Avouez, mon cher ami, qu'il n'est rien de plus hallucinant qu'une civilisation sans langage. Bien sûr que la nôtre en a un qu'elle rejette par des froncements de sourcils, des ébahissements et des rires méprisants, et, parfois même, par un refus de service à un quelconque guichet. Récemment, un ami créoliste m'a confié que tout cela est désormais révolu. Ayibobo !!

Kant, dans Qu'est-ce que les Lumières, nous dit, et je suis d'accord avec lui, que « La minorité est l'incapacité de se servir de son entendement sans être dirigé par un autre. ». Alors comment travailler sur soi pour pouvoir accéder à cette autonomie que réclament les rigueurs et les responsabilités de l'âge majeur ? J'estime que l'un des outils nécessaires à cette tâche, bien que non suffisant, est la capacité de s'exprimer spontanément avec autorité et conviction, ce qui se fait mieux dans une langue maternelle, hormis certains expatriés après de longues périodes d'émigration vers des zones linguistiques différentes. Il convient de souligner que Kant étend cette pensée jusqu'aux peuples aspirant à la liberté, elle sous-tend donc une construction de l'individu au sein de la société et une construction d'une société-Monde. Après tout, n'a-t-il pas dit « Agis de telle façon que tu puisses désirer que ton action soit érigée en loi universelle. »

Il est aussi un fait d'évidence que l'élite intellectuelle formée dans nos meilleures écoles n'avait pas su prendre des mesures socio-politiques qui, à longue échéance, auraient pu aboutir à l'irréversible développement économique du pays. On est en droit de se demander si elle y croit encore. Un observateur objectif répondrait « non ! ». Je ne peux et ne veux pas être objectif, hélas. La seule « exactitude » me semble être la vision glacée, sous un soleil luisant dans un ciel gris, d'une foule brunâtre piétinant le sol écarlate, et sur laquelle est lancée une meute hétérogène composée de flics, de militaires casqués-bottés, d'éléments paramilitaires et d'autres anthropophages en civil ou en uniforme, tous enragés. Ainsi, illustre lecteur, nous entrâmes dans l'obscurité. Fred Coriolan ! George Stinney !

Le but de cet essai est de revisiter certains aspects de mon parcours académique et professionnel. A un certain moment, il est instructif de jeter un coup d'œil en arrière pour inventorier, cataloguer et si possible donner sens aux remarquables évènements qui nous ont échafaudés. Lénine, pour d'autres raisons, aimait à dire « Les faits sont têtus. » Rien de vraiment nostalgique. Je m'inscris plutôt dans une logique de curiosité. C'est aussi une tentative de cerner quelques bribes du Premier Homme pour parler comme Albert Camus.

Une éducation haïtienne

Ma première institutrice fut ma grand-mère maternelle, Vilicia Auguste, nom de jeune fille Joseph, née à Port-à-Piment du Sud le 24 décembre 1914, décédée à Boston Massachusetts le 17 avril 2008, après avoir survécu aux dégâts d'un accident vasculaire cérébral survenu en juin 2002. J'avais quatre ans, lorsqu'elle m'apprit l'alphabet français. Elle m'apprit aussi à compter, à écrire, et à prier. Je suis sûr que c'était quasiment tout le contenu de son bagage intellectuel. Les vicissitudes de la vie l'ont prématurément emmenée vers une sagesse ascétique qu'elle a gardée toute sa vie. Je ne l'ai pas suivie dans cette voie-là. Mais elle m'a légué une certaine capacité à entretenir une possible existence de L'Amour. Ma mère, plus instruite, supervisait les leçons pour s'assurer surtout que la prière était récitée dans un accent suffisamment proche de celui d'un témoin de Jéhovah français. Il m'était aussi quasi impossible d'écrire mon nom selon l'ancienne orthographe Nœl. Le « œ » n'avait

INSTITUTRICE EXTRAORDINAIRE

De gauche à droite : Frantz Noël, Vilicia Auguste, Alfred Noël

pas de sens pour moi. J'y étais arrivé un matin lorsque ma mère poussa cet inoubliable cri de guerre « Men fout kole yo, petit stupide ! ». Je serais perdu sans ces deux femmes. Aujourd'hui même, je m'éloignerais de quiconque, sans aucune exception ni réserve, qui se croirait permis de les critiquer en ma présence. Dans un passé pas trop lointain, l'insolent aurait été forcé, à la hussarde, d'aller se faire rhabiller, et emmené à pied ou à cheval. Serait-il possible que Vilicia me guide encore ? Non, j'ai seulement vieilli. En effet, cher ami, dans notre culture, les morts emportent beaucoup de secrets avec eux. Elles m'ont apporté la preuve par quatre du fait que la misogynie soit une réaction sotte émanée de l'insécurité millénaire du mâle. La plupart des femmes que j'ai connues sont meilleures que moi en tout ce qui compte vraiment.

L'incontournable outil de travail était une ardoise graphite, une tablette à écrire utilisée à grande échelle dans les écoles à partir du xixe siècle. Elle est préférable au papier trop couteux. Rassurez-vous, la mienne n'était pas trop ornée et ressemblait plutôt à celui d'un petit togolais vu sur l'Internet. On employa un morceau de craie ou de pierre taillée pour écrire là-dessus, et un torchon mouillé pour effacer. À cette époque-là, nous habitions un duplex situé sur la Rue du Peuple en face de l'école de filles, École Sémiramis Télémaque.

Sémiramis Télémaque

Les « épreuves » pour ne pas dire les « hostilités » débutèrent d'emblée à 8 heures du matin après le petit déjeuner pendant les jours de semaine, et durèrent entre une heure et demie et deux heures. D'abord, ma grand-mère ou ma mère dessinait une lettre ou un chiffre sur l'ardoise et en vocalisait le son phonétique en français plusieurs fois, ensuite, je redessinais le symbole dix ou vingt fois de suite en répétant le son. Je me souviens avoir eu des difficultés à prononcer les voyelles e et u ou les chiffres 1 et 2. « LES SACRÉES SURRETTES !!» Ma mère était plus sévère, manquait de patience et me giflait fréquemment à cause d'une prétendue lacune ou d'un manque d'attention aux questions qu'elle me posait. Les deux femmes partaient du principe que honni soit le petit maigrichon qui refuse ou néglige de faire ses devoirs, ses fesses en pâtiront. Oui, ces deux-là ont laissé quelques traces.

Les leçons recommencèrent à 14 heures trente après la sieste sauf les vendredis. À 20 heures, on disait le Notre Père suivi du Je vous salue Marie. On déclamait tout cela dans une piété fraîchement retrouvée, avec un grand désir de se faire pardonner les hardiesses de la journée. J'étais surpris quand on passa du vous au tu, et puis légèrement troublé par cette nouvelle bonhomie. Certains soirs, mon grand-père, quand il n'était pas ivre, nous racontait des contes et des fables en créole, Bouki ak Malis, Djab la, Sa k konn rive ti moun ki bay manti oswa k fouyapòt, etc. Ma grand-mère aussi. Ces séances d'histoires avec Pa Guy étaient rares, maintenant que j'y pense. J'ajouterai aussi que mon attention était beaucoup moins soutenue quand il arrivait avec un papier gras sous le bras.

Un an après, j'entamai ma première classe enfantine aux Cours Privés Parnell Lexima, tout près des établissements Frère Odile Joseph où l'on m'aura « transféré » l'année suivante. Je ne me rappelle plus exactement en quoi consistaient mes expériences chez Parnell. Eus-je été traumatisé par la brusque séparation ? je ne saurais quoi répondre d'une manière ou d'une autre. Une chose est certaine, l'horaire ne me convenait pas. D'abord, il fallut qu'on me réveillât de bonne heure pour repasser les leçons et terminer les devoirs du jour, ensuite vinrent le bain froid, la torture au peigne et à la brosse à dent, et inexorablement deux ou trois petites « pinçures » stratégiques pour qu'on se tût, car les murs ont des oreilles. Je le savais d'ailleurs, parce que je m'inquiétais de tous ces cris de douleur qui provenaient de chez la voisine à certaines heures du jour et de la nuit. J'avais même pris la savoureuse habitude de susurrer « papi ! papi ! doudou ! doudou ! » à son passage.

A 7 heures pile, ma grand-mère et moi prenions la route à pied. La probabilité d'être renversé par un automobile, une motocyclette ou même une bicyclette n'était pas tout-à-fait nulle, aussi était-il judicieux de prendre le turbulent fortement par la main, puisqu'il ne cessait de galoper dès qu'il quittait sa cage. L'école était située sur la Rue Prospère Faure entre Rue Simon Bolivar et Rue Anderson Douyon. L'algorithme du trajet était simple et immuable. Nous nous orientions vers le Sud, coupions la Rue Duvivier Hall pour arriver sur la Rue Prospère Faure, puis nous nous tournions vers la gauche à l'intersection où se trouvait une autre école de filles, Claire Heureuse. Nous étions donc pointés vers le Sud-est. C'était le début de la grande traversée qui, normalement, aura duré trente minutes, une éternité ! Nous la répétions quatre fois par jour du lundi au vendredi. L'école fonctionnait deux fois par jour, de 8 :00 à 11 :30, et puis de 13 :30 à 16 :00. Apparemment, les deux commères m'avaient bien formé car je ne me souviens pas d'avoir eu aucun problème à suivre les leçons. Je crois que l'année académique s'était écoulée en douceur. Je faisais partie des élèves moyens, un statut qui aura changé en cinquième secondaire avec la découverte de la géométrie euclidienne. J'y reviendrai plus tard.

Dans les années soixante, les deux meilleures écoles primaires de garçons étaient celle de la congrégation des Frères de l'Instruction Chrétienne de Ploërmel fondée en 1819 par l'abbé Jean-Marie de La Mennais et l'abbé Gabriel Deshayes, curé d'Auray (Morbihan), établie en Haïti en 1864 et généralement attachée à la Cathédrale, et celle de la Congrégation des Frères du Sacré-Cœur fondée à Lyon en 1821 par le Père André Coindre, établie en Haïti en 1943 et attachée à L'Église du Sacré-Cœur. Selon l'opinion publique, cet ordre doit être respecté. Ce qui facilitait la décision que devait prendre ma mère à la fin de ma première année chez Parnell. Contre vents et marées, le négrillon sera maté au Frère Odile Joseph (Kay Frè anba) en Enfantin II.

École Frère Odile Joseph

Cette fois-ci, ce fut ma mère qui m'y conduisit pour la première fois, parce que, tenez-vous bien, on ne s'exprime qu'en français au sein de ce purgatoire mou où nous fûmes, néanmoins, prodigieusement bien préparés pour faire face à l'enfer qui nous attendait. Les blancs, même ceux qui ont vécu au pays depuis plus de vingt ans, n'eurent ni la force morale, ni le besoin pratique d'apprendre notre langue. J'en connais une exception ; il maintenait une maîtresse à quelques kilomètres de son domicile et la voyait, par prudence, deux ou trois fois par semaine. Je doute fort que cette « nègès » excellât dans la langue de Molière. Évidemment, j'ai entendu le coquin bafouiller en créole une fois. Ouais, aux grands maux, les grands moyens ! Mais tant bien même, que voudriez-vous qu'il fît ? Il faut savoir, dans la mesure où l'on ne croit plus aux châtiments du Barbu, les hommes s'étant révélés d'une expertise inégalée dans ce domaine, profiter de ces petits fruits défendus à la portée de son portefeuille de chrétien professionnel qui selon le contrat devrait demeurer pauvre et chaste. Un beau jour durant le premier trimestre, à la suite des inévitables tourments matinaux, je me suis retrouvé seul sur la route. Ainsi, commença ma vie d'homme, j'avais six ans.

Ah ! Toi, ma tendre bien-aimée, sais-tu vraiment ce que c'est que le mathématicien nègre solitaire errant dans les sombres corridors d'universités ? Probablement pas. Tant mieux !

Aux antipodes du spectre des théories pédagogiques, se trouvent le dressage et la pédagogie ludique. Le dressage est lié à une structure monarchique, l'autre, à son paroxysme, relève des traditions anarchiques. L'éducation, dans le nouveau modèle républicain, se rapprocherait plutôt des pensées de Jean-Jacques Rousseau et d'Emmanuel Kant. Les deux philosophes préconisent une certaine perfectibilité de l'humain par le travail. En effet, dans son essai « über Pädagogik », Kant souligne : « la première époque chez l'élève est celle où il doit faire preuve de soumission et d'obéissance passive ; la seconde celle où on lui laisse, mais sous des lois, faire déjà un usage de la réflexion et de sa liberté. La contrainte est mécanique dans la première époque ; elle est morale dans la seconde. », et affirme : « Il est possible que l'éducation devienne toujours meilleure et que chaque génération, à son tour, fasse un pas de plus vers le perfectionnement de l'humanité ; car c'est au fond de l'éducation que gît le grand secret de la perfection de la nature humaine.»

Les Frères de l'Instruction Chrétienne favorisaient un système rousseauiste et kantien. Le bambin qui arrivait en Enfantin II allait être dressé jusqu'au Moyen II avec le bâton et le fouet (rigoise, martinet).

Certains de ces sadiques utilisaient la règle et tiraient les oreilles aussi. Un abruti canadien, probablement pédéraste ou pédophile, prenait un malsain plaisir à presser les tétons de petits adolescents en plein développement pubertaire, en criant « Je vais te traire pour te faire taire. »

D'Enfantin II à Élémentaire II, mes maîtres, comme on appelait les instituteurs de l'époque, étaient successivement des Haïtiens : Télasco, Girault, Fritz Clodomir, Joubert Clodomir et Cadet. Les trois derniers étaient des tortionnaires réputés. Paradoxalement, je m'entendais très bien avec Fritz Clodomir, le petit frère de Joubert. Il était normalien, fier, jeune, beau, grand et respecté des prélats. J'étais convaincu qu'il était moralement supérieur aux autres, les blancs inclus. Il parlait bien, s'habillait soigneusement, chemises claires, cravates colorées irisées, pantalons sombres, chaussures et ceinturons en cuir luisant, et il nous traitait avec un certain respect. Il m'avait servi de modèle pendant assez longtemps. Cadet qui me dégouta, mourut durant l'été. Selon les rumeurs, il aurait été empoisonné. Pour moi aucune différence. La justice inconnue ne doit jamais être contrariée. Je crois même avoir éprouvé un souterrain mais paisible sentiment de satisfaction à l'idée de sa supposée terrifiante et longue agonie. J'ai tourné quelques petits films effrayants dans mon cerveau dérangé. Bizarrement, j'ai eu la même réaction à l'annonce du décès de David Brudnoy, un animateur à la station WBZ1030 dans l'état du Massachusetts, en 2004, mais c'était pour d'autres raisons politiques beaucoup plus sérieuses, excepté que l'adjectif supposée ne s'appliquait pas à son cas. J'en avais un peu honte. Le premier homme demeure toujours, modifié peut-être, essentiellement inchangé assurément. Sachez qu'en Haïti, il est toujours difficile d'admettre qu'une personne relativement jeune puisse s'éteindre d'une mort naturelle. Yo manje l !

La punition corporelle ou le châtiment corporel, je pèse mes mots, détruit la vigueur des forces actives dans certains enfants et leur donne une vision erronée de l'autorité. Elle les laisse désemparés et mal équipés pour organiser leur existence autour des grandes questions humaines et morales. Je sais ce dont je parle, cher. Je suis sûr qu'un grand nombre de mes condisciples se reconnaitront un peu dans cette caricature.

La vie chez les malandrins

Dans ce contexte tiers-mondiste, on avait affaire à des hommes qui avaient raté leur dernier train et par conséquent devaient faire le chemin à pied. Ils n'avaient plus d'illusions. Ils avaient des problèmes de femmes et d'argent, quittèrent l'établissent scolaire pour aller vers un foyer mort, et savaient, à quelques variantes près, que demain serait comme aujourd'hui. Ils me font penser à ces vers de Rutebeuf mis en chanson par Léo Ferré :

Avec le temps qu'arbre défeuille
Quand il ne reste en branche feuille
Qui n'aille à terre

Ne convient pas que vous raconte

Comment je me suis mis à honte
En quelle manière

Une fois, j'ai surpris une conversation au cours de laquelle l'un de mes professeurs déclara que pour lui il n'y avait aucune différence entre l'enfer et le paradis, dans les deux cas il aurait fini par s'y ennuyer, et qu'il aurait préféré rester au purgatoire où, au moins, la monotonie ne saurait exister. Il disait aussi qu'entre le paradis et l'enfer, il aurait choisi le dernier parce qu'il était sûr que sa femme irait au paradis pour avoir tant vécu sous son joug, et que là-bas il serait possible que les rapports fussent inversés. L'examen de soi ne leur était pas interdit.

Selon Camus « La lassitude est à la fin des actes d'une vie machinale, mais elle inaugure en même temps le mouvement de la conscience. Elle l'éveille et elle provoque la suite. La suite, c'est le retour inconscient dans la chaîne, ou c'est l'éveil définitif. Au bout de l'éveil vient, avec le temps, la conséquence : suicide ou rétablissement. » Ces enseignants ne s'étaient pas réveillés. Ils ont tout simplement choisi le camp des résignés. Donc, quand ils cognaient, toute une historiologie s'abattait sur votre petit corps de torturé haïtien dont le seul crime était de se retrouver en leur présence.

Frère Réal, un Canadien atteint d'une hydrocèle, enseignait le programme de Moyen I. Il promenait son madougou avec un admirable détachement. J'allais le retrouver en Sixième deux ans plus tard. Frère Gabriel ou peut-être un autre blanc dont le nom m'échappe, s'occupait des cours du Moyen II. Je ne me rappelle pas avoir été puni par les blancs, en général ils semblaient être plus heureux de leur sort. C'était aussi une période de transition où certains d'entre nous commencèrent à porter des pantalons longs. On pouvait enfin apercevoir la fin du calvaire.

Les dirigeants de l'école, tous des religieux blancs, croyaient au proverbe grec « Aide-toi et Dieu t'aidera » que Jean de la Fontaine a changé en « Aide-toy, le Ciel t'aidera ». Le collège était fréquenté par la grande majorité de la bourgeoisie cayenne et de celle de la campagne avoisinante. Il y avait beaucoup de petits mulâtres, des levantins, des fils de hauts gradés militaires, des fils d'intellectuels et de hauts fonctionnaires. Le petit paysan qui arrivait dans son costume kaki ou « gros bleu » était vite remarqué et ignoré. Sa grande ressemblance avec la servante générait un certain inconfort qui déclenchait des regards furtifs et interrogateurs. Telle était la vie parmi ces jeunes malandrins que j'enviais et haïssais en même temps. Ma situation n'était pas trop difficile, j'étais un élève moyen qui dialoguait aux poings, au bec de plume et au kokomakak. La charité chez les frères était bien ordonnée. Aussi disparaissaient des élèves dont les parents ne pouvaient plus assumer les frais de scolarité. J'ose croire qu'ils ont su protéger ceux qui étaient pauvres mais intelligents. J'en ai connu au moins quatre.

Les dernières épreuves du Moyen II coïncidaient avec celles du Certificat d'Études Primaires. L'examen se passait en une journée et comprenait une rédaction, une dictée, quelques questions sur la grammaire, l'explication de texte, des épreuves d'histoire d'Haïti, de géographie, d'instruction civique et d'hygiène, une épreuve d'arithmétique portant sur la résolution des problèmes sur les transactions commerciales, et les dimensions de certains objets géométriques avec manipulation des valeurs du système métrique. On devait aussi savoir, à la main, multiplier, diviser les nombres naturels et les fractions de grandeur arbitraire, et appliquer les techniques d'extraction de racine carrée. C'était le couronnement d'un cursus de huit ans. Avouez que vous n'avez d'autre choix que d'acquiescer au fait que ce n'était pas une mince affaire. Ces salauds pratiquaient en effet la dangereuse profession de faiseur d'hommes.

L'éducation religieuse, dispensée scrupuleusement par les frères et les prêtres de la cathédrale, était de rigueur et durait sept ans aussi. Elle comprenait le catéchisme de l'église catholique et l'histoire sainte ou hébraïque. Étant un cousin, je n'étais pas obligé d'aller à la messe ou de recevoir la communion ou les sacrements. Je n'ai jamais su comment ma mère ait pu faire pour me débarrasser de ces petits emmerdements. En ce qui concernait mon père, dans l'ordre des priorités qu'il s'était fixé, la question de la providence divine ne se posait pas. Il s'en foutait complètement. C'est pourquoi j'ai été surpris de voir son cercueil installé dans une église protestante pour une dernière boutade discrètement lancée à sa veuve et à sa jeune et peut-être dernière maitresse, toutes deux présentes portant le deuil du regretté disparu. Il avait un sacré culot, ce mec !

En géographie, on divisait les races humaines en quatre catégories : blanche, jaune, rouge et noire. Sur l'image, le blanc était d'une beauté éclatante, le jaune portait un énorme chapeau conique et deux petits traits remplaçaient ses yeux, le rouge montrait un visage grave avec une plume d'oiseau collée à des cheveux délibérément peints comme une crinière de cheval, et le noir, ah le noir ! C'était un petit rien nu et sale monté par un majestueux éléphant. Écrasant ! Simplement écrasant vous dis-je. Les petits blancs n'étaient pas concernés, les métis, comme tout le monde le sait, choisissent leur camp assez tôt, et je trouve leur calcul juste. Mais nous, nous savions jusque dans nos os à quoi on a voulu nous réduire, et beaucoup d'entre nous refusaient de l'accepter comme représentation canonique de notre race. -Avoir été décrit comme un petit gringalet laid et sale- rejoignait la logique habituelle du discours des Ovandos depuis 1502 ; après tout, j'étais chétif et laid, selon les critères européens honteusement adoptés par des anciens esclaves à peine émancipés, quoique toujours bien mis, et je savais aussi que nous avions accepté de participer à cette valse macabre dans les sociétés occidentales égarées pour des raisons purement existentielles. Mais quand, en dépit de tout, on m'assaillit d'un gigantesque animal, ce fut le comble. Entre le châtiment corporel et l'éducation raciste, il n'avait qu'un pas à faire. Je fis ce pas et remis en doute tout ce qu'on a voulu me faire croire par autorité divine ou humaine.

À vrai dire, le déchirement commença tôt avec la conception immaculée de la vierge Marie. Avant tout, vous devriez savoir que le mot vierge ne me disait rien, en effet j'ai cru qu'il faisait partie du nom « Vierge Marie ». Quand on me dit que Joseph n'était pas le père de Jésus qui lui-même était plutôt le fils de Dieu, et que moi aussi j'étais fils de Dieu, je répliquai tout simplement que mon père s'appelait Willy Noël. Je crois avoir été ignoré après cette remarque probablement jugée déplacée. Un autre clou dans le cercueil ; au cours d'une leçon de catéchisme, on essaya de me faire comprendre qu'en choisissant Barabbas, les juifs, du fait que Ponce Pilate se lava les mains, ont signé l'arrêt de la crucifixion de Jésus. J'étais assez indifférent à ce plaidoyer et somnolais paisiblement quand la mauvaise haleine du camarade assis à côté me réveilla, il balbutia à voix basse « fou ou, fou ou, foutaise ! papa m'a dit que Barabbas lu, lu, lu, luttait pour l'indépendance ! ». Après m'avoir renseigné auprès de quelques intellectuels laïques, je devais admettre que les juifs, naturellement, défendaient leurs intérêts terrestres plus immédiats que les promesses célestes de l'autre. Dans mon jeune esprit nationaliste, Barabbas, bien sûr, approximait Dessalines, mais par le bas. Dernier clou dans le cercueil ; le comportement respectueux, voire même quasi servile, des instituteurs et du clergé vis-à-vis des blancs, des mulâtres, des étrangers, et d'autres noirs nantis, comparé au dénigrement systématique affligé aux autres. Durant le régime duvaliériste, tabasser le fils d'une famille connectée ou d'un macoute pouvait être couteux. Cependant, la décence humaine devrait quand-même avoir des limites. Il sont partis sans mon pardon, quoiqu'ils aient eu droit à mon oubli.

En outre, il y avait le traitement esclavagiste des petites domestiques dont certaines furent des membres de la famille proche, mande bondye padon !

Au fil du temps, j'ai fini par développer une attitude de vie selon laquelle l'essentiel est de savoir tenir le coup à tout prix. Le Noir avisé doit, dans la mesure du possible, analyser la nature des lois humaines, en écarter celles qu'il trouve malveillantes et d'origines fondamentalement racistes, et assumer, une fois pour toutes, la solitude intérieure qui, sans aucun doute, découlera de ses prises de position. Nous sommes aux temps de la SOUMISSION.

L'apprenti mécréant dérange. Au début, qu'on le fît mijoter publiquement au bûcher ou à l'huile de cuisine usagée, c'était de bonne guerre. Mais depuis, leur nombre n'a pas cessé d'augmenter suivant une loi exponentielle. Aujourd'hui, les juges sont devenus plus proactifs et plus subtils. Ils savent très bien, d'ailleurs, qu'ils ne peuvent pas dépeupler la planète entière vu les immenses bénéfices qu'ils tirent du travail intellectuel de ces dérangeurs. Maintenant, ils ont recours à la Compartmentalisation et à la Surveillance Généralisée, sous le couvert du Politiquement Correct. Et ils sont en train de gagner la bataille en y mettant les bouchées doubles. Je dis que le bateau prend l'eau de toutes parts, il chavirera bientôt mais ne coulera pas. Costa Concordia... Le remorquage coûtera beaucoup plus cher que prévu.

« La première démarche de l'esprit est de distinguer ce qui est vrai de ce qui est faux »[3]. Sa deuxième, s'il tient à se mettre d'accord avec lui-même, est d'appréhender le faux, le vrai étant universel. Le grand problème auquel est confronté le Noir ou l'Incroyant est de savoir comment vivre dans un monde déterminé à le distraire de l'espace et du temps, qui l'ignore, et que lui-même, au bout des

---

[3] (Camus, Le Mythe de Sisyphe, 1942, p. 31)

années de questionnements, de discipline et de lutte de soi contre soi, arrive à faire semblant d'ignorer aussi. Oui, j'ai bien dit faire semblant, car cette attitude doit être, avant tout, un outil de survie, une arme secrète sciemment utilisée pour neutraliser l'agresseur, à son insu, psychiquement non pas physiquement, sinon on court le risque de se faire remarquer, d'être férocement nettoyé, ou pire. On ne pénètre pas, on égratigne. Avec patience et persévérance, à son grand étonnement, jaillira le sang ancestral fortement cancéreux. Cet état de choses est beaucoup plus pressant qu'on le pense. C'est une question existentielle qui réclame un travail soutenu, une praxis philosophique. Cette praxis commence par la connaissance de soi, par une exhaustive évaluation du monde ambiant et par une extrême capacité d'adaptation aux paramètres ontologiques. Ce que je viens de dire est consciemment ou inconsciemment connu de tous, surtout des immigrés noirs. Pas besoin d'aller plus loin. L'Incroyant et d'autres solitaires de toute trempe sont condamnés à vivre constamment dans une conjoncture de révolte et de mépris.

Il me semble néanmoins judicieux d'observer que dans une société déchainée, il est parfois impossible d'éviter de se retrouver sous le rouleau compresseur des autorités. J'appuierai cette remarque à l'aide d'un exemple déconcertant. Des chemins aléatoires m'avaient conduit vers une masure à l'intérieur d'un pensionnat sur l'avenue John Brown, Lalue, tout près de la Ruelle Dufort, où je déposai mes valises fatiguées pendant trois ans. Un état des lieux a été fait dans mes commentaires sur un travail de Gontran Lamour : A cette époque-là, j'habitais dans un taudis, heureux et comblé, entre une latrine traditionnelle et un ruisseau qui se plaisait à devenir rivière, durant les périodes de crue.[4] L'un de mes passe-temps favoris fut le cinéma. Je fréquentais assidûment trois salles : Le Rex Théâtre, Le Paramount et le Capitol. J'étais peu vu au Ciné Triomphe à cause du prix élevé des billets et surtout du dégoût justifié que m'inspirait l'un des Saliba. Donc, vous devriez être à l'évidence de l'intersection de mon parcours habituel avec la Rue du Poste-Marchand où je me faisais cirer les chaussures par un petit gros que tout le monde appelait Mangous, et dont la morphologie, curieusement, voisinait celle des herpestidés. Son vrai nom m'est resté inconnu. Il avait un côté jovial, l'esprit blagueur, et me faisait marrer. Sa fille, Louloune, une adolescente d'à peu près quinze ans, le visitait souvent soit pour lui apporter des repas, soit pour recueillir une faible somme d'argent de la part de sa mère. Sous cette bonhommie se cachait une grande force de caractère, un mari fier, un père de famille attentif, un homme dans le vrai sens du terme. Son travail était d'une exceptionnelle qualité.

---

[4] Commentaires sur Les voix du passé, le 4 Septembre, 2017. http://www.math.umb.edu/~anoel/Literature/

Ce qui expliquait son grand nombre de clients fidèles.

Un vendredi après-midi, à ma grande déception, il n'était pas à son poste. Je demandai de ses nouvelles auprès d'un de ses voisins de travail. Il me répondit de ne pas l'avoir vu depuis deux ou trois jours auparavant et qu'il avait l'habitude de disparaître pendant plusieurs semaines sans qu'on sût vraiment s'il allait revenir ou pas. Ce jour-là, l'autre cira mes chaussures à sa place. Idem la semaine après. Au bout de deux mois, après avoir parlé à ses voisins et à quelques vendeuses avec lesquelles il troquait, j'ai dû me résigner à l'idée que Mangous avait bel et bien disparu sans laisser de traces. Puis, je l'ai oublié.

Deux années passèrent. Un soir, rentrant d'une visite rendue d'urgence à une amie qui menaçait d'aller voir ailleurs, satisfait d'avoir remmené l'enfant prodigue au bercail, je me décidai de ne pas prendre une camionnette, pour pouvoir mieux savourer ma dernière victoire. Je contournais l'église Saint Gérard de Carrefour-Feuilles vers Place Jérémie lorsque soudain je me souvins d'un rendez-vous à la Rue Capois. Il était déjà vingt-deux heures, j'avais le cœur léger et vidé de toute amertume. Je respirais avec volupté l'air sein de la saison, et sachant qu'elle m'attendait encore, malgré un retard de deux heures, je pris la direction d'Avenue Christophe et zigzaguai vers le Collège St Pierre. Elle était chez elle, et comme d'habitude, faisait mine de rien. Elle parlait peu et savait ce qu'elle voulait. Je fis ce que je devais faire et repartis aux environs de minuit. A l'entrée de Le Plaza Hotel, je remarquai une familière silhouette échanger un court baiser avec un touriste blanc et briser là. Elle faillit me renverser sur son élan. Tout à coup, je m'entendis crier « Ti Louloune !». Elle retourna et me transperça d'un regard vif en disant « Mesye, fòk m ale kounye a. Men m ap nan zòn lan a swè a. N a wè pita. » Je m'entendis crier une fois de plus « Louloune , kisa w ap fè la ? Kote papa w ? » Elle prit un moment avant de répondre, son regard s'adoucit, et elle chuchota « papa m kite n ! » d'une voix saccadée. Nous marchions ensemble sans échanger un mot de plus. Arrivée à l'Impasse Bellevue, elle m'annonça timidement qu'elle était attendue à l'intérieur. J'ouvris mon portefeuille et lui tendis un billet de dix dollars. Elle recula instantanément, et d'une fierté ombrageuse, riposta d'une main levée comme pour me tenir à distance « Mwen p ap mande charite non ! ». Je vais vous faire un aveu, cher lecteur, la honte conjuguée à la haine dégage une chaleur intolérable. Je me repris pour lui dire que ce n'était qu'une dette acquise auprès de son père depuis bientôt deux ans et que je n'avais pas pu le rembourser parce qu'il ne venait plus au Poste-Marchand. Elle accepta l'argent et se retira. Chose curieuse, je ne trouvais rien à reprocher à Mangous. Je vous ferai une autre confession : la haine, envers une cible indéterminée, vous lévite et vous retire du temps. Ce matin-là, quand je flottais « atemporellement » sur la Ruelle Piquant, j'encapsulais toute la colère sournoise d'un peuple fou, et j'avais la certitude d'avoir été l'animal le plus dangereux de la planète.

La fièvre tomba peu de temps après, et mes ardeurs guerrières se calmèrent. Je résumai ma vie de flâneur urbain. Deux ou trois mois avant mon départ définitif d'Haïti, je descendais Lalue pour aller dîner aux Champs-de-Mars, quand j'ai cru apercevoir, du coin de l'œil, l'atypique binette de Mangous assis sur son petit banc comme s'il avait été toujours là. Perplexe, j'avançai de plus près pour me rassurer que ce fut bien lui. Il m'accueillit avec un grand sourire accusant des gencives écarlates. Il avait perdu un certain nombre de dents et du vente. Après la brève joie des retrouvailles, je lui demandai des explications concernant sa soudaine disparition. Il s'exécuta de bonne grâce. Selon ses dires, il aurait été emmené quelque part sur la Ruelle Chrétien pour un gros job. Il devrait cirer une douzaine de grosses bottes militaires. Le propriétaire qui, apparemment, était aux cent coups, lui ordonna de terminer le travail en une heure. Le scrupuleux ouvrier enragea l'irascible soldat par sa lenteur. Il fut sauvagement souftleté et irrévérencieusement détenu. Il aura servi 30 mois de prison dû à une erreur cléricale, c'est-à-dire « qu'on l'avait tout simplement oublié dans la case » comme il l'a dit lui-même. Imaginez-vous ça ? Imaginez-vous ce que ressentit la petite Louloune à la vue du revenant, sachant ce qu'on sait ? A-t-il été remplacé ?

A l'instar du Sisyphe de Camus, Mangous était supérieur à sa case, et si l'on admet « qu'il n'est pas de destin qui ne se surmonte pas par le mépris. », il est acceptable de conclure que Mangous, philosophe de l'absurde, héro zolaïque, a toujours « méprisé ».

L'apprenti mécréant doit se construire aussi. Sinon, ce serait trop facile. Au moment initial de l'expérience transcendantale, il se retrouve face à lui-même, contraint d'accepter l'image renvoyé par le miroir. Cette étape est primordiale à son futur développement dont elle conditionne l'évolution conceptuelle et historique. L'analyse succédera. Avant toute chose, il lui faudra synthétiser une sotériologie humaniste, une doctrine du salut sans Dieu. Beaucoup ont essayé mais très peu ont réussi à en développer une. Le philosophe-mathématicien allemand, Gottfried Wilhelm Leibniz (1646 – 1716), fut mon point de départ. Je l'ai rencontré pour la première fois à la bibliothèque municipale des Cayes sur la Rue Monseigneur Maurice en face d'une boutique d'horlogerie, de bijouterie, et d'orfèvrerie tenue par mon père et un associé, M. Paul.

Bibliothèque de la ville des Cayes

Dans la théodicée de Leibnitz, l'ensemble des monades est majoré par Dieu, l'ordre étant la finitude dans l'espace et le temps. Il est donc moralement légitime de soupçonner cette création de l'Homme d'être une instanciation des valeurs asymptotiques de toutes ces propriétés caractéristiques tant recherchées mais jamais réalisées. J'ai essayé de trouver des réponses chez les Grecs, les Romains, les Français, et surtout les Allemands, Kant, Schopenhauer, Nietzsche, Hegel, Marx et même Heidegger en passant par l'utilitarisme anglo-saxon. C'est ainsi que j'ai découvert le mouvement transhumaniste dont le but final est de tuer la Mort, et par conséquent toute l'angoisse métaphysique qui l'accompagne. Croyez-moi, ce n'est pas une blague !

Si l'on part de l'hypothèse d'une éventuelle mort de la Mort, il sera utile de se poser ces deux questions : Comment vivre en attendant ? Et qu'adviendrait-il de la topologie métaphysicienne de Leibnitz dans l'intervalle ? J'imagine, ici, la voix autoritaire d'Hannah Arendt, cigarette au bec, martelant dans un accent teutonique « L'Homme a fini par en vouloir à tout ce qui est donné, même sa propre existence - à en vouloir au fait même qu'il n'est pas son propre créateur ni celui de l'Univers. Animé par ce sentiment fondamental, il refuse de percevoir rime ou raison dans le monde donné. Toutes les lois simplement données à lui suscitant son ressentiment, il proclame ouvertement que tout est permis et croit secrètement que tout est possible[5] ». Je vous jure que Ray Kurzweil et George Moustaki auraient tous deux sévèrement taquiné cette intellectuelle juive, ancienne élève et maîtresse du nazi Heidegger, d'avoir lancé une telle énormité ; mais pour des raisons bien évidemment très différentes.

L'histoire sainte, telle qu'enseignée à l'époque dans le primaire, débuta avec le sacrifice d'Isaac pour se terminer avec l'invasion de la Palestine en passant par l'anéantissement du premier prophète Moïse

---

[5] *Les Origines du totalitarisme*. Citation d'Alain Finkielkraut dans *La seule exactitude*.

pour avoir tapé deux fois de suite sur le rocher de Meriba. Je me rappelle avoir trouvé la punition un peu excessive vu que le pauvre avait déjà dépassé la centaine. J'étais aussi déçu et même jaloux du fait qu'on m'avait laissé de côté lorsqu'Abram signa l'Alliance en prouvant à YHWH qu'il était prêt à égorger son môme à la demande de celui-ci. Willy, lui, m'aurait plutôt marchandé à l'avance et probablement exigé un supplément pour avoir consenti à jouer au bourreau. L'égrillard en avait au moins une quinzaine de plus, éparpillés partout dans les départements de l'Ouest et du Sud. Il avait du mal à les nourrir tous. Personne n'aurait donné cher de ma peau.

Le fendage de la mer rouge, l'engloutissement de l'armée pharaonique, l'arrêt du soleil lors de la conquête de Gabaôn et tant d'autres exploits israélites avaient, outre toute mesure, galvanisé ma violente imagination de petit rancunier. Ils me paraissaient aller dans la même direction que celle du boulet qui avait renversé le bonnet à plumes de Capois la Mort, le 18 novembre 1803, à Vertières. J'éprouvais l'étrange et familière sensation d'un Jéhovah féroce et vindicatif, du genre « Tiens, je l'ai déjà rencontré c'lui-là ».

Je viens de lire un article où des astronomes déclarent que Josué n'avait pas arrêté la course du soleil. Le malin aurait seulement exploité les conséquences d'une éclipse solaire qui s'était produite le 30 octobre 1207 avant J.C. Il paraît qu'on avait mal interprété les mots hébreux « dom » et « amad » dans le livre de Josué. Cette hypothèse concorderait avec des sources de l'Égypte ancienne prétendant que l'envahissement de la Palestine par Israël a précédé de près la guerre de Troie (1220-1210 avant J.C.).

L'assassinat de la fille de Jephté, le Galaadite, m'écœura. Qu'est-ce que c'est que ce dieu qui ne fait que dévorer les enfants de ses sujets ? Le père avait sa part de culpabilité dans ce meurtre. Il aurait pu offrir autre chose que l'holocauste de la première personne de sa maison venue à sa rencontre, oubliant que les lois de la probabilité mettaient sa propre fille en danger. D'après certaines rumeurs, il aurait pensé que cette personne-là serait un domestique ou, à la rigueur, sa femme. En principe, sa fille, étant vierge, aurait dû être chambrée. Tant pis, il y a des risques à poursuivre une logique fallacieuse jusqu'à son ultime conclusion. Il n'est pas recommandable de toujours persister, quoi qu'on en dise. « Qui sait s'arrêter ne périclite jamais. »[6]

La tragédie de Samson, le libérateur chevelu, m'avait beaucoup impressionné, pour ne pas dire effrayé. Fatigué de la permanence ou peut-être de l'inhumanité du monothéisme et de la monogamie, le peuple d'Israël, après l'exode, retourna au

---

[6] Lao-Tseu

polythéisme et à la polygamie. Énervé, Yahvé le laissa tombé sous le joug des Philistins pour avoir, entre autres choses, désobéi au premier commandement. Durant l'oppression philistine, Tsélalfonith, juive jusque-là inféconde, fut contactée par un ange qui lui dit : « Tu auras un fils qui sauvera un jour le peuple juif des mains de ses ennemis. Ce sera un homme prodigieux : plus fort qu'un lion et plus rapide qu'un cerf. Il sera indépendant d'esprit et ne connaîtra pas la peur. Tu dois te souvenir que sa vie doit être consacrée au service de Dieu. Aussi, tu ne devras pas boire de vin ou d'autres boissons alcooliques ; tu ne lui couperas jamais les cheveux et tu le nourriras d'aliments les plus purs et les plus doux. Car il sera consacré à Dieu. » Son mari, Manoa'h, reçut la bonne nouvelle avec beaucoup de joie et redoubla ses ardeurs sachant que c'était désormais un travail payant. Ainsi naquit Samson qui, encore tout jeune, aurait, pour défendre un agneau, tué un lion de ses seules mains. Plus tard, l'agneau aura remplacé le peuple juif et le lion les Philistins.

Au début, Samson coexista paisiblement avec les Philistins, en épousa une qui le trompa en révélant la solution d'une devinette proposée par lui. Il avait aussi d'autres problèmes conjugaux qui l'amenèrent à tuer des milliers de Philistins avec une mâchoire d'âne fraîche. Ah, la fraîcheur conjure la vigueur ! Dégoûté, il se réfugia à Gaza où il acheta les services d'une prostituée. Well, a man's gotta do what a man's gotta do. Dans la vallée de Sorek, il tomba amoureux de Dalida, une espionne à laquelle il livra son secret. La salope lui coupa les cheveux pendant qu'il était endormi sur ses genoux, le ligota et envoya chercher les princes Philistins.

Au souvenir de cette histoire, un de mes amis qui vivait dans sa bagnole à la suite d'un divorce particulièrement acerbe, me cria un rare soir de lucidité « Il est plus naturel d'avoir affaire à une asphalteuse, au moins on paie d'avance. En plus, on n'est pas responsable. ». Assagi, celui-ci parlait d'or. Chronologiquement, Samson plaça la béguineuse entre l'épouse et l'amante de cœur. Jack Nicholson[7] lui aurait assuré que c'était en effet une pernicieuse permutation ; porteuse du salut, la poule devrait venir en dernier. En tout cas, il faut savoir tenir ses secrets pour le bien-être de soi et des autres. Me vient en tête le conseil d'un vieil imprésario juif que j'ai connu durant la période ravageuse du sida dans les années quatre-vingt, agacé par la désinvolture de certains jeunes comédiens : « Keep your mouth shut. Eat your bread and work the crowd. » Encore un autre franc-parleur!

Cependant, Samson n'avait pas encore dit son dernier mot. Par précaution, les Philistins lui crevèrent les yeux et l'emprisonna à Gaza. Ils ont commis la grave erreur de ne pas continuer à lui

---

[7] Carnal Knowledge (film 1971)

couper les cheveux régulièrement. Un jour, sa force revenue, il fit écrouler un édifice où fêtaient les princes, les entraînant tous dans sa mort. Dans les registres divins, -être spécial- semble souvent coûter la peau des fesses. Les Haïtiens disent « Pran pwen pa te janm bay lavi. »

De manière générale, j'ai trouvé l'ancien testament beaucoup plus digestible que le nouveau. Ses héros imparfaits rayonnaient d'humanité. Par exemple, Salomon, le roi à 700 femmes et 300 concubines m'épatait. La froideur calculée de son père David, au moment où il décida de faire disparaître Urie, est d'une chaleur palpitante : « Mettez Urie en première ligne au plus fort de la bataille, puis reculez derrière lui, qu'il soit frappé et qu'il meure. » Il était prêt à tout pour entrer-et-couler dans Bethsabée, la femme du malheureux, et masquer son adultère. Évidemment, Yahvé désapprouva cette union. Il en tua le premier produit après sept jours. Elle aura eu quatre autres fils dont Salomon. Ouais, les morts ont toujours tort. « Sòlda k pa la, pèdi ransyon l ! » Après plus de deux-milles-cinq-cents ans, mon beau-père, Lesage, au passage d'une dévoreuse, disait encore « faut découvrir de nouvelles terres, et les cultiver. » Ces rois de l'Antiquité découvrirent et cultivèrent avec des passions encore inégalées aujourd'hui. David ne fut ni le premier, ni le dernier, à utiliser la guerre pour se défaire d'un gêneur ou d'un indésirable. Allez voir du côté des Argentins pendant la guerre de la Triple Alliance (1865-1870).

J'imagine Samson dans sa cellule en train de faire l'inventaire de sa vie manquée quand les soldats entrèrent, inconscients de sa force retrouvée, lui feignant la faiblesse. Les gardes l'aidèrent à se relever pour le conduire au festin où l'attendaient les princes afin de se moquer de lui. Le voici à l'entrée de la grande salle. Son ouïe et son odorat, aiguisés par la cécité, amplifièrent les rires et les senteurs de femmes autour de lui. Son sexe gonflé se redressa telle une mitrailleuse cherchant une cible connue, facilement repérable. Les rires lui rappelèrent des délires de possédées. Il écarta les piliers, convaincu qu'il eut les mains bien enfoncées dans les cuisses de Dalida, alors il s'écrasa à mi-chemin entre colère et béatitude.

L'été 1969 marqua la fin de mes études primaires. C'était une autre période de transition. Je passais des culottes courtes aux pantalons longs, ma mère venait d'émigrer définitivement vers les États-Unis, le châtiment corporel n'était pas appliqué au secondaire, je grandissais, m'embellissais un peu, et avais la carrure d'un garçon sûr de lui. Nous habitions rue Trois Frères Rigaud proche du Marché en Fer.

J'ai férocement souhaité le départ de ma mère. D'un côté les choses n'allaient plus entre elle et moi, de l'autre j'en prévoyais une amélioration de notre situation économique et financière. Ce départ, à mon grand plaisir, esquissait déjà le mien. Une des vertus cachées des vicieux authentiques est ceci : ils pensent toujours en amont pour agir en aval. Généralement, ce sont des stratèges embusqués.

Ma grand-mère prolongea le régime du fouet et des calottes sur une période de deux ans. J'ai pris ma dernière raclée à quinze ans. Pour aller vite, je volais régulièrement des paillettes d'or à la boutique de mon père pour les revendre à un de ses concurrents sur l'Avenue des Quatre Chemins. Ces petites transactions marginales durèrent six ou sept mois, au bout desquels l'escroc bienfaiteur fut attrapé. Ne vous en déplaise, j'étais un arnaqueur galant et consciencieux. Une partie non négligeable de ces fonds illicites allait à d'autres personnes dans le besoin. La générosité demeure encore une de mes rares qualités. Je me sentais humilié non pas parce que je regrettais mon comportement de petit voleur, mais parce que je m'en voulais de m'avoir, en un sens, laissé prendre la main dans le sac. Un raffinage et un raffinement de mes techniques s'imposèrent. Mon père doutait que ce fût moi, j'avais assez brouillé mes traces pour que les soupçons fussent dirigés sur un autre. Le regard pitoyable et les cris de défiance de l'accusé innocent m'accablèrent, je confessai « Oui, c'est moi le coupable ! » Willy ne m'avait pas vraiment grondé, il était plutôt déçu. Pour moi, c'était une affaire classée. Quelques jours après, alors que je dormais, je fus réveillé par une virulente sensation de douleur au dos et par les hurlements aigus « vòlè, vòlè, gade jan w fè m wont ! Ou te dwe fout mouri ! » d'une débridée qui m'assommait à coups de rigoise. Confus, aveuglé par la noirceur de la nuit, ma première réaction était de l'étrangler, seulement je l'ai vite reconnue et honteusement renonçai à cet acte sinistre. Le temps d'un cillement, nos regards se croisèrent, je décelai sa frayeur. Elle savait que j'approchais rapidement les limites de ma tolérance naturelle. Elle s'arrêta net. Je n'ai jamais su demander pardon à ma grand-mère pour cette indélicatesse.

Mes fantasmes sexuels se précisèrent par un classement des filles du quartier et des environs dans des catégories bien amusantes : les belles, les laides, les gazelles, les vaches, celles qui sentaient fort et me faisaient bander à vue, etc… Parfois, il m'arrivait même de rêver des scènes troublantes où jouaient quelques-unes des beautés momentanément inaccessibles. Je faisais aussi le brouillon de mes baisers et d'autres activités sur deux ou trois petites perfides qui faisaient semblant de me croire connaisseur. L'audace mesurée est libératrice, elle favorise l'attention au détriment de la mécanique ; ce qu'appréciaient fort sournoisement mes débutantes comédiennes. Écoutez-moi bien, l'haleine fraîche épicée de cannelle d'une jeune fille aux gencives violettes est périlleusement enivrante. Naturellement, pour un ludique de la trinité des partitions, ce n'est qu'une question d'harmonie et de contrepoint, une dissonance bien agencée peut produire des effets fulgurants. L'important est de pouvoir résoudre les tensions extérieures par le biais de l'échange. Elle jouira, croyez-le-moi ! Et vous aussi peut-être…

La consigne maternelle était simple et percutante : « Aux jours de pénurie, qu'on s'habille princièrement ! » C'est un stratagème de pauvre pour faire détourner les regards et garder ainsi une fluctuante dignité. Vous n'êtes pas sans savoir que dans notre civilisation hypocrite chrétienne, le malheur gêne en attisant la curiosité. « Oh, bien sûr, c'est de leur faute ! » chuchote le cauteleux candidat, prétendu écœuré « Ne vous en faites pas, vous ne les verrez plus dans les parages après mon élection. » Alors, vous votez dans l'espoir d'un nettoyage profond et, avec un peu plus de chance, irréversible. Vous gagneriez donc deux fois, d'une part le miroir accusateur n'y serait plus, de l'autre vous garderiez les mains propres et la conscience tranquille, « Un autre martini s'il vous plait, ah, qu'il fait beau aujourd'hui ! Hum, c'est quoi le nom de ta petite secrétaire brune, l'intelligente là ? »

Je vous rappelle que Yahvé fit voler des vêtements de qualité et d'autres effets précieux aux Égyptiens pour les redistribuer aux esclaves juifs afin que ceux-ci pussent se présenter magnifiquement devant lui au mont Sinaï. Par conséquent, ma belle petite maman suivait, avec entêtement, un sentier divinement battu.

Dès son arrivée aux États-Unis, elle nous envoya des habits américains, des pantalons à carreaux de couleur vive du style gogo, des chemises à fleurs aux motifs psychédéliques, des bottes de cuir, des chaussures à boucles, des maillots de bain, des pulls à col roulé (l'hiver sévissait aux Cayes en 1969!) et des cravates à " nœud tout fait". Dans cette atmosphère provinciale, cette manière de se fagoter attirait des regards à la fois inquisiteurs, jaloux, admiratifs, et railleurs. Les filles, créatures supérieures plus subtiles, étaient favorables à ce genre d'accoutrements, dont le port présageait un nigaud qui vivait dans une certaine aisance, donc éventuellement bon à plumer. Je plane encore au son lointain de leur douce musique.

J'entrai en Sixième secondaire cet automne-là, toujours au même collège. Les Frères ajoutèrent une classe de Quatrième en 1970. Ce qui m'a permis d'y rester jusqu'au printemps 1972. L'enseignement secondaire se rapprochait de l'ancien programme français datant de la fin du dix-neuvième siècle, tel qu'il a été élaboré suite aux lois Ferry. L'apprentissage des mathématiques était d'une bonne qualité, surtout dans les écoles congréganistes et certains lycées. Cependant, après la deuxième guerre mondiale, de nouvelles techniques pédagogiques préconisaient une approche abstraite qui aurait l'avantage de rendre les étudiants plus innovants et plus créatifs. La genèse de ce projet remonte aux activités de Nicolas Bourbaki, pseudonyme utilisé par un groupe de mathématiciens francophones à partir de 1935 pour écrire de nouveaux textes mathématiques en se basant sur la notion de structure. Une génération de mathématiciens français avait été décimée par la Guerre de 14-18. Il fallait reconstruire des compétences à l'université sous des bases modernes aussi rapidement que possible. Le premier volume de la série encore inachevée, Éléments de Mathématiques, parut en 1939 sous le titre de Théorie des Ensembles. Il constitue, en principe, la structure fondamentale des mathématiques modernes. La connaissance des règles mathématiques opérant dans l'univers des ensembles permet de définir des structures algébriques importantes comme celles des groupes, des anneaux, des corps et des espaces vectoriels. Sur chaque structure, sont définies des fonctions naturelles appelées morphismes qui la conservent. Les morphismes associés aux espaces vectoriels, les applications linéaires, donnent lieu à une algébrisation de la vielle géométrie euclidienne. Le nouveau programme prévoyait aussi un traitement topologique des notions de limite, de continuité et d'autres propriétés des fonctions élémentaires, exprimé à l'aide de quantificateurs logiques. En 1945, Samuel Eilenberg, mathématicien américain d'origine polonaise, introduisit la notion de

Catégorie dont l'objet basique, le couple (objet, morphisme), est maintenant considéré comme un concept unificateur des mathématiques.

Ma promotion a été la première à être initiée aux nouvelles techniques de la théorie des ensembles. Frère Réal enseigna le cours au fur et à mesure qu'il l'apprenait. Il répétait le contenu du livre d'une manière autoritaire, mais hélas, peu convaincante. Au fil du temps, les choses s'améliorèrent, j'ai pu comprendre les grandes lignes de ce nouveau paradigme. Un inconvénient majeur était la formation systématique des maîtres. Elle n'existait pas. Ainsi, devait-on revenir à l'ancien programme l'année suivante. Ces nouvelles méthodes structurelles couvèrent pendant plusieurs années. À ma connaissance, il n'y avait qu'un dénommé Riché qui en parlait, assez superficiellement d'ailleurs, aux élèves du Centre d'Études Secondaires à Port-au-Prince. Aujourd'hui, en apparence, tout cela est révolu.

Devenir mathématicien ou tout simplement devenir ne peut être déterministe. Par contre, on peut, avec le temps et avec l'expérience, y associer une typologie. De nos jours les mathématiciens sont regroupés en philosophes, analystes, et géomètres. Ordinairement, un mathématicien, lambda, évolue à l'intersection de ces trois catégories. Deux types de logiques sous-tendent l'activité mathématique : la logique classique et la logique intuitionniste. La première la perçoit comme découverte, la seconde comme invention. Elles clivent légèrement les mathématiciens. Tim Gowers, dans son article, The Two Cultures of Mathematics, constate que l'activité de recherche en mathématiques pures, approximativement, divise les chercheurs en deux clans : ceux qui considèrent leur principal objectif comme étant la résolution de problèmes, et ceux qui sont plus concernés par l'érection de grandes théories fondatrices. Je me situe, d'emblée, dans le premier.

Au sens restreint du terme, un mathématicien est un chercheur en mathématiques. Cette définition peut déranger certains poseurs, néanmoins elle correspond mieux à la réalité de ce que nous sommes, à la nature de notre contribution scientifique, intellectuelle et artistique, et à notre mode de vie. En fin de compte, un nageur est un sportif dont l'activité primaire est de nager, non pas quelqu'un contraint à suivre le conseil du feu président Préval : « Se naje pou soti. »

Stanislas Dehaene et ses collaborateurs semblent avoir développé une théorie de l'intelligence qui comme celle de Chomsky pour le langage prétend que l'humain est apte à faire les mathématiques. Cependant, il est raisonnable de croire que « L'intelligence logico-mathématique consiste en de nombreux facteurs en relation avec le fonctionnement analytique et synthétique du cerveau et ses facultés d'intégration. Lorsque cette intelligence est bien développée, la personne devient un penseur divergent. Traditionnellement, on croit que ce sont les mathématiques qui permettent de développer cette qualité mais elles ne sont certainement pas la seule discipline qui autorise de réfléchir logiquement. En principe, lorsque les enfants sont responsabilisés et intéressés, tout sujet étudié peut les aider à structurer des problèmes, analyser logiquement et approfondir ces problèmes, reconnaître des modèles, questionner des problèmes de manière critique, déduire et conclure en intégrant l'information. Selon les termes de Howard Gardner, l'intelligence logico-mathématique déclenche la faculté de détecter des modèles, raisonner par déduction et réfléchir logiquement. Un des sujets qui assiste (sic) le développement de l'intelligence logico-mathématique sont les mathématiques.[8] »

Il y a aussi le problème de l'utilisation de la langue française comme véhicule d'enseignement et comme sujet pédagogique. Les mathématiques européennes, donc mondiales, mobilisent des usages et des pratiques langagiers à la fois alambiqués et subtils d'ascendance gréco-latine.

---

[8] https://www.international-montessori.org/wp-content/uploads/2014/03/Intelligence-logico-mathematique-FR-WEB.pdf

Il serait dans notre intérêt commun d'envisager des activités sur la langue française qui faciliteraient l'apprentissage mathématique dès le Primaire. Or, il est désormais d'une clarté éblouissante que cette tentative bicentenaire s'est soldée par un écrasant échec. La grande majorité de nos étudiants parle peu ou comprend mal le français. Ce constat doit, si on ne triche pas, nous emmener à deux actions réhabilitatives et restauratives : solidifier les bases de l'enseignement de la langue française et développer un matériel didactique en haïtien. J'opterais pour la seconde. La lingua franca des mathématiciens chercheurs est l'anglais américain.

De coutume, les débuts de la compréhension et de l'appréciation des mathématiques sont obscurs. Pour certains, tout commence avec un professeur, pour d'autres, comme Andrew Wiles par exemple, c'est la lecture reculée d'un livre de récréations mathématiques qui anime le feu. Dans la plupart des cas, les futurs mathématiciens étaient très jeunes, au moment de l'éveil. Il est admettable aussi que la vigueur créative des chercheurs du domaine des mathématiques décline avec l'âge. Pour moi, ce fut le dessin, les formes sensuelles pour ainsi dire. Les bandes dessinées, Zembla, Blek Le Roc, Akim, Tintin, Tex Miller, Miki le Ranger, Rodéo, Kiwi, Ivanhoé, etc, faisaient fureur parmi les adolescents haïtiens. Les filles lisaient les romans d'amour de préférence ; et moi aussi mais très en cachette. Je demeure encore jaloux de beaucoup d'activités jugées essentiellement féminines, elles expriment toujours une quelconque beauté animale et de l'empathie pour les autres. J'étais émerveillé par les couleurs presque vivantes et rêvais de porter les costumes. J'ai appris à dessiner pour pouvoir donner vie à ces figures d'hommes et satisfaire ma soif de dépassement. Mon principal concurrent, collaborateur et ami au cours de cette aventure était un garçon du nom de Mario. Il habitait tout près de l'endroit où je revendais mes paillettes et de temps en temps, sans l'avoir su, jouissait du fruit de mon mauvais labeur. Il avait un bon appétit. D'habitude, nous travaillons simultanément pendant plusieurs jours sur le même modèle. Après, vinrent les discussions parfois ombrageuses mais souvent franches et informatives. On se gueulait dessus le matin pour redevenir complices plus tard dans la journée ; puis on continuait de travailler en solitaire, chacun dans son coin, pointant l'épée imaginaire et ruminant cette récurrente menace « Je l'aurai la prochaine fois, ce salaud ! » Cette phase artistique aura duré trois ans. Dans l'ensemble, je crois que Mario était plus doué que moi, sauf en ce qui concerne mes travaux sur Ivanhoé, alors là, les textures de mes couleurs lui firent voir noir et l'enrageaient intérieurement. Il est intéressant d'observer combien ces échanges artistiques allaient rejoindre les débats mathématiques auxquels j'aurai participé vingt-cinq ans après.

Je déplore qu'un grand nombre de personnes très instruites aient tant d'idées si erronées sur la vraie nature des mathématiques. Il m'arrive souvent de rencontrer des gens qui peuvent discuter de la musique ou de la philosophie avec du charme et de la sensibilité, mais se refroidissent très rapidement à l'évocation d'un sujet mathématique. Cette dichotomie n'a pas raison d'être : l'artiste et le mathématicien essaient de représenter le monde par des méthodes différentes, certes, cependant, ils recherchent, tous les deux, les beautés cachées de la nature. C'est ce qui explique le fait qu'on parle souvent de la beauté d'un tableau, d'un morceau de musique, d'un coucher de soleil ou d'un théorème. On conçoit volontiers que l'intuition joue un rôle très important dans les deux sphères d'activité. Je crois fermement que les mathématiques sont une branche de l'art même si cette opinion diffère de celle de beaucoup d'autres artistes et mathématiciens. J'étais préparé pour découvrir la beauté, c'est-à-dire la vérité, de la géométrie, donc celle des mathématiques, par la rigueur de travail et la solitude contemplative qui m'ont sculpté autant le corps que l'esprit durant mes années de dessinateur.

Mes trois dernières années chez les Frères étaient très satisfaisantes du point de vue intellectuel. Les instructeurs étaient tous assez compétents pour effectuer les tâches courantes du métier. Dans ce monde réglementé, le déterminisme s'installa. Les limites étaient marquées, la hiérarchie était strictement respectée, l'ambiance de travail morne et malodorante. Nous vivions encore une autre période de transition, celle des Duvalier. Le Sud avait beaucoup souffert des méfaits du régime de François Duvalier parce qu'il avait voté majoritairement déjoyiste aux élections de 1957. Mon père aussi, un calcul très coûteux pour lui. Hormis quelques instances de déchouquage de macoutes, la passation des pouvoirs se déroula sans trop de désordre. La vie continua bon an, mal an, sa trajectoire fataliste. C'était dans cette conjoncture indécise que j'ai découvert, pour la première fois, ce que l'on appelle la rigueur mathématique au cours d'une leçon du frère Rock en Cinquième. Ses interventions sur la Géométrie Plane étaient classiques. Partant de quelques axiomes et d'un postulat, son but, brillamment réussi de surcroît, était de prouver tous les théorèmes de cette science par le seul recours du raisonnement humain, excluant, une fois pour toutes, l'hypothèse d'un Dieu tout-puissant. L'apprenti mécréant venait enfin de trouver une branche de la pensée antique susceptible d'accommoder ses instincts longtemps déchaînés. Fasciné par cette nouvelle trouvaille, je me résolus à la creuser jusqu'aux bouts de mes forces physiques et mentales. Au fil du temps, les mathématiques, au sens large, sont devenues pour moi la seule raison de vivre. Cette branche de l'expérience humaine continue de retenir mon attention encore, cinquante ans après ma solennelle promesse de fidélité, la seule que j'ai sue tenir durant toute ma vie d'enracinerrance[9] et de mercenariat.

Le calcul des limites et quelques-unes de ses retombées philosophiques furent introduits en Quatrième par un Haïtien, Alex Etienne, qui était aussi mon professeur d'espagnol et d'histoire d'Haïti. Il dispensait des cours également au lycée Philippe Guerrier. Je me souviens, comme si cela date d'hier, de son discours sur les arcs capables « Messieurs, nous avons vu que certaines constructions géométriques nous permettaient de réaliser des résultats à l'équerre et au compas. Supposer qu'on veuille déterminer le lieu géométrique des points d'où l'on puisse voir un segment de droite sous un angle donné. L'expérience primaire suggère que ce lieu se décompose en deux arcs. De tels arcs sont appelés des arcs capables. Nous allons les construire géométriquement. » Ces phrases restent cristallisées dans ma mémoire parce qu'elles reflètent l'élégance d'un esprit de discernement propice au métier de faiseur d'hommes. Alex Etienne finit sa carrière en tant que professeur au Collège Canado-Haïtien à Port-au-Prince.

À la fin de l'année scolaire 1971-1972, je terminai le cursus de l'école Frère Odile Joseph pour ne plus jamais y revenir. Je vins d'y passer les dix dernières

---

[9] Mot de Jean-Claude Charles

années de ma courte jeunesse. Là-bas, il fallait mûrir vite et savoir encaisser. Les conditions locales l'exigeaient, je commençais à en sentir le poids. Certains jours, après avoir été le témoin ou la victime de l'une des quotidiennes injustices affligées au petit peuple, je rejoignais, sans avoir su comment le décrire, ce sentiment d'irritation de H.L. Mencken « Every normal man must be tempted, at times, to spit on his hands, hoist the black flag, and begin slitting throats.» Certains soirs, je sautais dans mon lit nourrissant le vague désir de ne plus me réveiller. L'existence devenait trop pénible à supporter. Alors, j'entamai un dialogue avec la bouteille qui aura duré vingt ans et je lisais des manuels subversifs à la bibliothèque. En d'autres termes, je chutais. Kabwèt la chavire !

L'année suivante, mes anciens condisciples s'éparpillèrent un peu partout à travers le pays. Quelques-uns se rendirent à Port-au-Prince, d'autres entrèrent au Séminaire ou au nouveau Collège Saint-Jean des Cayes, une école catholique congréganiste dirigée par les missionnaires Oblats de Marie Immaculée, sur la route des Gabions.

Collège Saint-Jean des Cayes

Une très faible minorité s'inscrivit au lycée Philipe Guerrier des Cayes. J'en faisais partie. Mon choix était fait sur des bases purement économiques. D'abord, je souhaitais m'affranchir le plus possible du joug maternel, la contribution de mon père étant vâchement superficielle pour ne pas dire inexistante, minimiser le coût scolaire s'avérait tout à fait raisonnable et même nécessaire, ensuite l'eldorado américain prenait du temps à produire les fruits escomptés car ma mère avait du mal à s'adapter à sa nouvelle condition de vie dessinée à la hussarde sur les grands boulevards de Manhattan. Puis, je n'aurais pas toléré que ma grand-mère s'endettât outre mesure pour financer mes études. Je coulais un peu, il fallait freiner la chute libre. On m'accepta en Troisième C.

Lycée Philipe Guerrier des Cayes

Au début, la culture académique au lycée me parut étrange, je l'avoue. Les étudiants n'avaient pas de manuels scolaires. Ils prenaient des tas de notes toute la journée. Les professeurs parlaient vite, en écrivant rapidement au tableau avec le dos tourné à la classe, pas de devoirs, pas d'évaluations hebdomadaires, mensuelles ou même trimestrielles, seulement des examens de fin d'année. Cette liberté d'aller et venir me plut. Je me mis au diapason avec mes récentes réalités sans perdre temps. Ma technique était simple, pas besoin de prendre des notes pour les cours de mathématiques et de physique, j'en absorbais le contenu sans aucun effort. Raoul Lyncée, le juge, qui en 1986, condamna le tortionnaire duvaliériste Luc Désir à la peine de mort, était mon professeur de mathématiques en Troisième et en Seconde. Il m'a remarqué tôt, aussi me traitait-il avec beaucoup de respect et de bienveillance. J'assistais aux cours de physiologie, de zoologie, de littérature française consciemment à titre d'auditeur sachant très bien que je n'allais pas passer les examens sur ces matières-là. Mon calcul était juste, je réussissais sans trop me déranger grâce à mes très bonnes notes en science et en mathématiques. J'avais mis sur pied un groupe de travail assez solide dans l'intervalle. Alors, j'assimilais les leçons de la semaine au cours des discussions durant nos rencontres. À mon avis, c'est vraiment l'unique moyen de maîtriser un sujet.

Tout bascula, un après-midi, en Rhétorique. Selon la coutume locale, lorsqu'un élève, pour une raison ou pour une autre, devait quitter la salle durant un cours, il était obligé de demander la permission à l'instituteur, ordinairement en levant le doigt avant de partir. C'était une simple formalité, le professeur n'était pas supposé refuser son consentement. Ce jour-là, j'avais besoin d'utiliser les toilettes au moment du cours d'algèbre d'un certain Villarson, je fis comme d'habitude. À mon retour, l'instituteur était de très mauvaise humeur. Il m'insulta à haute voix et me réprimanda sévèrement pour avoir sorti sans l'avertir. Enfin calmé, il me demanda de quitter la classe pour y revenir seulement après avoir rédigé mille fois cette phrase « Je ne suis qu'un vulgaire petit insolent. », une fois par ligne. Avec l'aide d'une amie et de sa sœur cadette, j'arrivais à compléter cette tâche en trois jours. A mon retour, la semaine d'après, je lui remis la paperasse. Il la prit sans dire un mot et la déposa sur son bureau. Puis, il se tourna vers moi et me dit, d'un ton incroyablement dédaigneux « Ce n'était que la première partie d'une punition qui perdurera. Maintenant, vous allez vous excuser auprès de moi et vos condisciples pour un tel manque de respect envers nous. » Désarçonné par cette soudaine envolée, je me ressaisis avant de lui répondre d'un ton sec et brusque « Mais, vous vous trompez, c'est la fin de la punition. » et repartis séance tenante. Tout de suite, je me dirigeai tout droit vers la boutique de mon père pour lui faire part de ce qui s'était passé. Il s'en énerva et voulut se rendre seul au lycée pour tenter de trouver un accord commun. Mais une fois arrivé, il péta les plombs. D'après le Télédiol, Villarson aurait décampé en un clin d'œil, sans sa valise. Selon toute apparence, la réputation de Willy l'avait précédé. Les dés furent jetés, je me fus fait virer.

Au bout de quelques jours, je finis par réaliser que mon père n'avait nul autre plan que de casser la gueule à ce vaniteux crétin. Ses réflexes de vieux lion blessé ne pouvaient aller plus loin dans la formulation d'une solution salutaire. Néanmoins, je m'estimais satisfait et fier de sa performance. Ses muscles lui ont toujours bien servi. La violence justifiée d'un mec du peuple à l'encontre des nantis, fussent-ils intellectuels, économiques ou culturels, m'a toujours positivement impressionné. Au fil des années, à la lumière de quelques pénibles expériences, j'ai compris son insistance pour que je restasse à la boutique, car si j'avais été avec lui au lycée, le salaud n'aurait pas eu le temps de s'enfuir et me connaissant moi-même à cette époque-là, le prochain quart d'heure lui aurait été férocement désagréable ; ma vie aurait sans doute pris un tournant imprévu voire importun. News Flash ! Willy, malgré tout, bousculait par sagesse aux sombres matinées. Pendant les vingt-cinq ans que j'ai connu mon père, il ne m'a jamais frappé. Croyez-moi, il ne lui manquait pas de raisons pour me tabasser. Personnellement, je pense que son sens du fair play l'empêcha de le faire. Entre lui, ma mère et moi existe une distance palpable, indéfinissable, perdurable même outre-tombe. Ceci étant, j'étais vraiment tout seul dans le pétrin.

(Un petit amas hétérogène de Noël)
Alfred, Willy, Jean-André
Paul, Frantz

La lettre du directeur Amazan, un autre bon à rien de la vieille école, contenait cette phrase destructive « L'élève est parti à la suite d'une histoire désagréable avec le professeur Villarson. », donc quasiment inutilisable au Collège Saint-Jean qui, par ailleurs, ne m'intéressait pas. La seule stratégie envisageable a été de me présenter comme candidat libre aux examens de Baccalauréat I. Je l'adoptai et commençai à prendre les mesures nécessaires en vue de remplir les formulaires. J'avais accès aux notes de mes copains, et sans trop me vanter, j'étais confiant de pouvoir tirer mes épingles du jeu.

Villarson jouissait de la réputation d'avoir été un grand professeur de mathématiques. Je doute sincèrement que les gens sussent de quoi ils parlaient. Moi, j'étais déjà sûr que mon coefficient intellectuel dépassait de loin celui de ce macaque salace, qui balbutiait des phrases toutes faites dénuées de la moindre imagination ou d'une simple compréhension de l'ampleur philosophique de ces notions fondamentales. Ce n'était qu'un vulgaire petit machòkèt qui manipulait des symboles tout comme l'aurait fait un petit singe vicieux auquel on aurait appris à saluer de la main en montrant ses grosses dents jaunes dans l'espoir d'être récompensé d'une banane. Caverneux, ambigu et discret, il vivait seul. On aurait retrouvé des photos compromettantes chez lui après sa mort. Entre-temps, Gérard Pierre, un neveu d'Alex Etienne, m'enseigna les rudiments de l'Optique. Malencontreusement, il mourut jeune.

Une lettre de ma mère arriva durant les vacances de Noël. Elle ordonna à mon père de m'inscrire dans un collège de Port-au-Prince afin que je pusse finir mes études secondaires dans de meilleures conditions. Elle prit soin aussi d'indiquer qu'elle prendrait en charge la responsabilité de toutes les dépenses. Quelques semaines plus tard, accompagné de mon père, je pris l'autobus à destination de Port-au-Prince. Je m'installai Rue de l'Enterrement, tout près du Pénitencier National, chez une de ses anciennes *amies* où je fis connaissance avec un autre demi-frère, de quelques mois mon aîné, dont l'existence, jusque-là, ne m'a jamais été révélée. Extraordinaire !

La maudite recommandation de l'enfoiré Amazan était réclamée partout. Une fois lue et pénétrée, les regards se durcirent, on devint prudent, on chercha à comprendre la nature du dit incident puis en fin de compte on inventa une raison pour nous congédier. L'entêtement de Willy à s'exprimer en français compliquait les négociations. Ses interlocuteurs ne comprenaient pas son jargon, et moi non plus. Il marmottait ou bégayait des morceaux de phrases disloquées. Un voisin nous conseilla de visiter le Collège Jonas Augustin au Bois Verna, avec une lettre d'introduction de sa part. Le directeur était son ami, il n'allait pas être trop méfiant. Le voisin reçut la somme de cinq dollars (américains), un gentil pourboire en ce temps-là, pour alléger sa plume lors de la rédaction de la missive salvatrice. Cette dernière tentative succéda. Je ne sais si ce collège existe toujours, sa seule distinction était que l'immeuble dans lequel il se trouvait, fut l'ancienne résidence de la célèbre pianiste Carmen Brouard.

Ancien bâtiment du Collège Jonas Augustin à Bois Verna.

Je m'acclimatai à ma nouvelle vie sans trop de peine ni de chagrin. Mes habits américains me faisaient passer pour un type qui voyageait. Certaines portes s'ouvrirent, et pschtt... J'en profitais à la Gainsbourg ! L'accent cayen disparut rapidement. L'accent francisé, jadis sévèrement exigé par ma mère, se convertit en un incomparable instrument de séduction. J'étais fait pour vivre dans ce milieu où l'on changeait de visage et de nom toutes les demi-heures au gré des circonstances. J'abattais un travail considérable, accumulais des aventures de toutes sortes et mentais pire qu'un arracheur de dents. Pendant ce temps, ma performance académique battait son plein. Les professeurs de mathématiques et de physique me demandèrent de répondre aux questions les plus difficiles. Mes répliques exactes, généralement bien structurées, les obligeaient envers moi d'une certaine manière, car ils pouvaient se contenter du fait qu'au moins un, parmi tant d'abrutis, eut compris quelque chose de leur baragouin. Les signes de la déchéance scolaire se montraient déjà. Je fus l'un des deux de ma promotion à réussir dès la première session d'examen.

Il n'y avait pas de classe de Philosophie au Collège Jonas Augustin. Pour une raison ou pour une autre, je ne satisfaisais pas les critères d'admission au Centre d'Études Secondaires. On me fit seulement savoir, avec une légère politesse, que je ne convenais pas à l'établissement. La clarté du message aveuglait : « Pas d'examen écrit ou oral, ce maigrichon gêne, qu'il s'efface de ma vue ! Et rapidement, nom de Dieu ! » Je ramassai mes documents et me retirai dégoûté. Je court-circuitai le trajet vers l'Avenue des Marguerites en prenant la Troisième Avenue du Travail. Là, se trouvait le

Collège Roger Anglade où, décidément, on n'avait pas peur du loup-garou.

Raymonde Anglade à côté du campus

A la suite d'un accueil chaleureux, on m'introduisit dans le bureau de la souriante directrice, Mme Anglade, flanquée de deux hommes. On me posa des questions concernant mon parcours académique et mes sources de financement. -Une mère à New-York- rassurait. Ensuite, l'un des messieurs et moi engagions une discussion sur des sujets variés allant de la chute de l'empire romain à la capacité du tiers-monde à contrôler l'érosion de ses sols. Au bout d'une trentaine de minutes, l'autre qui, entre-temps, avait disparu emportant mes documents avec lui, revint pour me dire que j'ai été accepté en Philo C, et que Mademoiselle X me donnerait des instructions pertinentes aux étudiants du collège en général et de ma section en particulier. Je les remerciai tous les trois de m'avoir donné l'occasion de démontrer mes capacités. Je découvris plus tard que mon interlocuteur intéressé était Roger Anglade.

Parmi les membres du corps professoral, on comptait Roger Gaillard (Philosophie), Fritz de la Fuente (Chimie), Pierre-Louis (Physique), Camille Guoin (Mathématique, Physique) et Rémy Zamor (Histoire d'Haïti). Vous admettriez que je ne dialoguais pas avec des cancres. « Straight from Central Casting ! » crierait un certain président américain. L'atmosphère ne me plaisait pas. Trop de petits cons à peine colorés. Je séchais les cours régulièrement. Tout le monde s'en foutait puisque je réglais mes frais scolaires en début de mois. Roger Gaillard, lorsqu'il ne récitait pas de mémoire, pouvait surprendre avec un commentaire intelligent ou parfois même profond. Sa vie de famille n'était pas aussi intéressante qu'il le croyait. Oui, il fallait faire passer le temps plus vite. Mes lectures personnelles devançaient ses pédanteries scolastiques. Zola avec ses Rougon-Macquart, Marx, Nietzsche et Camus véhiculaient des philosophies humanistes pratiques, des prises de position, qui mettaient les choses au clair tout en m'inculquant des techniques de survie dont je me sers encore. Le bannissement d'une partie de ces œuvres ne me posait aucun problème, je maintenais un réseau de contacts sûrs. De la Fuente dictait ses notes de mémoire aussi. Zamor et Pierre-Louis parlaient tout simplement, les étudiants s'acharnaient à tout noter, je les écoutais plutôt. Le premier brillait de passion, le second d'arrogance. Guoin, débordé par des contraintes professionnelles, faisait de son mieux. Je ne lui ai parlé qu'une seule fois. Pendant qu'il nous retournait les copies d'un examen de physique, il mentionna que j'étais le seul à pouvoir résoudre l'un des problèmes et m'invita à passer au tableau pour expliquer ma solution. Une fois le contenu du problème révélé, j'en donnai une solution. A la fin de ma démonstration il me regarda d'un air perplexe en murmurant : « Êtes-vous la même personne qui a passé l'examen ? Votre solution est différente. » Vexé, je rétorquai sec : « Monsieur, je n'ai pas de recette, je pense spontanément. » Sur ces mots, je tournai les talons et m'éloignai, le cœur embaumé du sourire approbateur d'une âme amplement méritante. Je ne citerai pas de noms.

La fêlure souterraine qui allait m'engloutir, éclata doucement juste avant les fêtes de Noël. Le chèque mensuel n'a pas été reçu. Mes appels de plus en plus frénétiques depuis une cabine de la Téléco demeurèrent sans réponses. Au début du mois de février, presque tous mes bijoux, mes habits et chaussures américains, et mes livres étaient soit vendus soit mis en gage pour m'acquitter de mes responsabilités financières. Certaines amitiés s'apaisèrent en même temps. Pour la première fois dans ma fougueuse existence, j'éprouvai la honte, celle qui vous taraude, vous fait courber les épaules et baisser la tête. Je jeûnais aussi, mais malgré moi. Ma grand-mère me soutint tant qu'elle put. Je ne pouvais plus rester chez la madame. Je pensais fort à Rutebeuf à travers la voix de Léo Ferre:

> « Pauvre sens et pauvre mémoire
> M'a Dieu donné le roi de gloire
> Et pauvre rente
> Et froid au cul quand bise vente
>
> Le vent me vient le vent m'évente
> L'amour est morte
> Ce sont amis que vent emporte
> Et il ventait devant ma porte
> Les emporta »

Une lueur d'espoir se leva lorsqu'un ami, mécanicien, m'annonça son départ pour le Canada. Il habitait, avec son jeune frère, un deux-pièces à Carrefour Feuilles. Le taudis était à l'intérieur, le loyer abordable. Afin d'éviter des engueulades, mon déménagement se déroula discrètement en absence de la bonne femme. Il ne me restait plus grand chose à emporter. Il était convenu que je vivrais dans sa chambre simplement meublée d'un lit bancal que je partageais avec de voraces punaises. Ma mère, sans aucune explication, fit signe quelques mois plus tard. La fréquence de ses chèques diminua, les contours de ma pauvreté se précisèrent. Je cessai de fréquenter le collège. Cependant, l'Haïtien moyen ou pauvre, le dos au mur, peut se révéler redoutable. Six semaines avant la date des examens, je réglai mes dettes, retournai chez Anglade et recommençai à faire cramer mes notes. J'ai été reçu dès la première tentative.

Tout au long de mon calvaire, je lisais un petit livre de Jean-Paul Sartre intitulé : L'existentialisme est un humanisme. Je n'aime pas trop ce philosophe. D'abord je situe l'existentialisme dans le romantisme de Rousseau, ensuite ma conception de la Révolte s'aligne sur celle de Camus qu'on retrouve dans l'homme révolté, essai vigoureusement et amèrement critiqué par Sartre et plusieurs de ses acolytes opportunistes et dans certains cas médiocres. « La révolte n'a pas d'emblée de sens politique chez Camus, il s'agit d'une révolte métaphysique, d'un non fait à la condition humaine quand elle est affectée, dégradée. Contrairement à la révolution, le rebelle n'a pas de plan, il agit tout simplement. La révolte est toujours motivée par le sentiment d'une injustice, faite non seulement à soi-même, mais à l'homme tout entier : je me révolte quand j'estime que l'homme, dont je suis un exemple, est attaqué. La révolte suppose, chez Camus, et c'est un point de fracture avec l'ontologie de Sartre, que l'homme a une nature humaine. Sans nature humaine, pas de révolte car pas de cause universelle à défendre. La révolte est la tentative de poser une frontière, dont le symbole est le « non ».[10] » Je dis que Sartre avait

---

[10] https://la-philosophie.com/lhomme-revolte-de-camus

peut-être mal lu la paire {Kierkegaard, Heidegger}, et tant mieux pour lui.

Pour Sartre, la doctrine existentialiste est strictement destinée aux techniciens et aux philosophes. Je pensais qu'une philosophie strictement réservée aux philosophes modernes n'en était pas une, elle ne serait plutôt qu'un exercice scholastique, un jeu de mots peu éclairants. Mais il y aurait une antinomie à dépasser, puisque ce serait contraire à cette réponse de Sartre concernant la vulgarisation et l'entendement de ses idées : « Si vraiment la philosophie existentialiste est avant tout une philosophie qui dit : l'existence précède l'essence, elle doit être vécue pour être vraiment sincère. Vivre en existentialiste, c'est accepter de payer pour cette doctrine, et non pas pour l'imposer dans les livres. »

Le tiers-monde pullule d'existentialistes payants aux tombes sans nom, et de millions de mères inconsolables. On retrouve les victimes des existentialismes mal compris ou mal enseignés, échouées sur les plages de Miami, de l'Italie ou de l'Espagne, éberluées et perdues aux frontières européennes ou nord-américaines, enfouies dans les cales d'embarcations douteuses, sacrifiées en offrande aux dieux quasi anonymes du capitalisme en plein milieu d'imperturbables océans. Le beau temps persiste. Pour enlever le parapluie à l'insidieux chrétien, je soulignerai que Kierkegaard est aussi responsable d'une bonne partie de cette pensée angoissée.

La logique la plus élémentaire mènerait à postuler fermement que ces phrases : - « L'homme est non seulement tel qu'il se conçoit, mais tel qu'il se veut, et comme il se conçoit après l'existence, comme il se veut après cet élan vers l'existence, l'homme n'est rien d'autre que ce qu'il se fait. Tel est le premier principe de l'existentialisme. » - ont eu, ont et auront une résonance particulière pour certains jeunes obligés de vivre sous des dictatures ou sous d'autres formes d'autoritarisme. Elles m'ont certainement aidé à traverser les eaux tumultueuses dans lesquelles m'avaient plongé les régimes duvaliéristes.

Mes difficultés avec Sartre viennent du fait que je n'accepte pas la conclusion suivante : « Ainsi, il n'y a pas de nature humaine, puisqu'il n'y a pas de Dieu pour la concevoir. » Je ne saisis pas le contenu métaphysique du raisonnement. Je ne dis pas que l'énoncé soit faux ; tout simplement, je ne le comprends pas. Je ne vois pas pourquoi l'existence d'une quelconque divinité devrait sanctionner d'une manière ou d'une autre celle d'une prétendue nature humaine, spécialement pour un athée. L'axiome d'une nature humaine me paraît raisonnablement plus naturel.

Heureusement, je ne lis plus les volumineux tomes philosophiques de l'après-guerre. Leurs auteurs se sont métamorphosés en jongleurs de longs mots entrecoupés ou pas d'une avalanche de traits d'union. Cela ne veut pas dire pour autant que j'ai cessé d'en acheter, car je ne supprime pas mes vices ou mes mauvaises habitudes. Récemment, j'ai décidé aussi de m'éloigner de ces maniaques qui introduisent des termes mathématiques, légèrement absorbés, sans discernement aucun dans leurs arguments sophistiques, l'outillage mathématique étant déjà assez problématique même pour les mathématiciens. Désormais, je laisse Jean-Baptiste Clamence me mener d'une main douce et ferme sur le passage clouté, parmi les obstacles de la circulation, vers le havre tranquille du trottoir[11]. Ceci étant dit, je tiens quand même à exhiber les Topos de Grothendieck comme un outillage mathématique susceptible d'éclaircir la notion de vérité et d'autres approches en philosophie et dans les sciences sociales.

Je retournai aux Cayes durant l'été. On commenta sur ma maigreur. Une gentille personne se désola que je ne m'habillasse plus comme autrefois. L'air ambiant s'alourdit de jours en jours. Le chambardement économique s'accentua. Plus aucun signe de ma mère. Nous commencions à nous

---

[11] Camus: La Chute

inquiéter pour sa santé et sa sécurité. A la fin du mois de septembre, sous l'influence de quelques copains, je me rendis à Port-au-Prince pour m'inscrire à l'Institut Supérieur Technique d'Haïti, une école privée dirigée par Richard Leconte, en génie civil. Mais, à l'instar de l'Alcimédé des Argonautiques de Valérius Flaccus, « mon cœur n'y était point préparé. » Je décrochai de l'institut en novembre et rentrai aux Cayes en décembre. Sitôt ai-je descendu de l'autobus, les calomnies redoublèrent. Les gens, mêmes des inconnus, se croyaient autorisés à me poser des questions embarrassantes. Au début, je mentais un peu. Après quelques mois, soit par malice soit par bienveillance, la différence m'était indéfinissable, ils reprirent sournoisement leurs interrogations. Alors, je cessais de les saluer. En dehors de ma famille, je ne dialoguais qu'avec un seul type, un autre rescapé de la capitale, qui partageait mes meilleures faiblesses. Nous suivions avec une rare ferveur ce conseil d'Alexandre le Bienheureux : « Il faut prendre le temps de prendre son temps. »

Au cours du mois d'avril, mon ami m'informa que le gouvernement haïtien recrutait à l'échelle nationale de potentiels étudiants destinés à peupler une nouvelle école professionnelle gérée par des coopérants français, située à Varreux, Chancerelles, sur la route nationale numéro un, et que le concours d'entrée aura eu lieu le lendemain au Collège Saint-Jean. Notre intérêt dans la voie professionnelle, reflétait un corollaire à nos discussions pertinentes à l'élaboration d'un projet d'indépendance viable qui nous aurait permis de vivre selon nos propres règles. Je me hasarde à dire qu'il était plutôt de droite quoique nos instincts libertaires nous unissent. On voulait par-dessus tout qu'on nous foute la paix. Je note qu'il est aujourd'hui notaire public et moi professeur des universités. Mission quasi accomplie ! Mais assez tard. Il devait attendre la mort de son père, moi je devais prendre quelques détours.

Le concours se déroula pendant cinq heures. Il consistait en quelques examens écrits et oraux sur des sujets vus en Troisième et Seconde, et termina avec une interview pendant laquelle des recruteurs, majoritairement français, posèrent des questions allant du banal au sérieux. Par exemple, on m'avait demandé mon opinion du fait que beaucoup de postulants fussent bacheliers. Ma réponse : « L'université ne rentre pas dans mon actuel projet professionnel. Ceci étant dit, il n'existe qu'une seule université publique en Haïti, elle est à Port-au-Prince, le pistonnage y joue un rôle majeur et j'admettrai, volontiers, que je suis dans une logique subjective et pragmatique. » Mon ami échoua dans sa tentative d'émancipation professionnelle. Je fus reçu en Électrotechnique.

L'école s'appelait le Centre Pilote de Formation Professionnelle et Technique. Son but principal était de former des techniciens compétents sur une période de trois ans pour accompagner le développement souhaité du pays. Le campus comportait six départements ou sections : Électrotechnique, Mécanique Générale, Mécanique Auto, Métaux en Feuilles, Installation Sanitaire, Construction des Bâtiments. On y aura ajouté une école technique de géologie quelques temps après mon arrivée. La diversité du corps estudiantin englobait toutes les couches sociales du pays.

Notre situation financière s'améliora progressivement. Je regagnai Port-au-Prince en fin Septembre. Un confluent de sentiments tendres, de sursauts confus et d'autres considérations férocement humaines m'a pointé dans une direction temporairement stable dont je vous épargne les détails ; ils brilleront mieux par leur absence sur ces pages. Ah, vous voici dans une lumière noire, comme disait Mascary lors d'un festival animé par les New Stars des Cayes au Jet Ciné. Et il avait raison malgré les rires moqueurs des profanes.

Centre Pilote de Formation Professionnelle et Technique

La section d'Électrotechnique comptait douze étudiants dont deux bachelières et huit bacheliers. Les travaux d'atelier étaient menés par un ingénieur agrégé Normand du nom de Philippe Rouland qui, malheureusement, était atteint d'un cancer oral. Deux anciens salésiens formés en France lui servaient d'assistants. L'érudition mathématique des étudiants lui permit d'enseigner les cours techniques beaucoup plus rigoureusement que prévu. De concert avec les professeurs de mathématiques, Jacky Lumarque et Léo Defay, et d'autres instituteurs, il développa un programme assez proche de celui du Brevet de Technicien Supérieur français. Cette situation différait de loin de ce qui se passait dans les autres sections. Ainsi naquit un sentiment de supériorité chez les électrotechniciens.

La formation que j'ai reçue au Centre m'a donné des exemples concrets d'applications de théorèmes et d'autres techniques algorithmiques appris au Secondaire en mathématique et physique. Elle m'a aussi permis d'élargir mes connaissances mathématiques de base à travers les cours d'algèbre et de géométrie modernes de Lumarque et de Defay. En outre, j'ai appris à travailler avec mes mains, et à ne pas dénigrer les métiers manuels. L'intellectuel qui se croit destiné à améliorer les conditions de vie des masses populaires devrait, à mon avis, pouvoir au moins comprendre leurs activités pratiques, non pas passer son temps à discuter de théories époustouflantes autour des tables bien garnies. Bien entendu, je parle ici de ceux-là qui, à une certaine durée de l'arnaque, se décident à se mettre d'accord avec eux-mêmes, autrement dit d'un ensemble presque vide. Un ami ingénieur, récemment, m'a dit que l'unique raison d'envoyer les meilleurs étudiants des Ponts et Chaussées aux chantiers, c'est pour qu'ils sachent qu'ils doivent faire l'impossible pour empêcher leur propre fils de devenir ouvrier. Plusieurs de mes condisciples ont pu mener une vie professionnelle exemplaire que ce soit en Haïti, au Canada ou aux

États-Unis, grâce aux seules connaissances techniques acquises au CPFP. Ils n'ont pas d'autres diplômes à ma connaissance, ou bien s'ils les ont, ils ne s'en servent pas pour gagner leur pain quotidien.

Je suis certain que vous trouverez cette anecdote diaboliquement marrante. Le campus était partagé avec l'Institut National de Formation Professionnelle, un organisme en charge du sous-secteur de la formation professionnelle et technique en Haïti. A la fin de ma deuxième année, j'ai été l'un des délégués de ma promotion invités à participer à un entretien avec un responsable haïtien de l'INFP qui voulait se faire une idée de la qualité de l'enseignement technique dispensé au CPFP. Sa formation d'ingénieur en électromécanique validait sa position. Il cherchait à se renseigner sur mes connaissances des transformateurs électriques. Je m'exécutais avec toute la rigueur d'un jeune fanfaron. A la fin de ma présentation, agacé et contrarié, il murmura en secouant la tête : « On n'est pas supposé vous enseigner tout ça ! » Oui, le pays est petit, et ses dirigeants le sont aussi. Au moins ce ne fut pas aussi grave que cette réponse d'une imbécilité sublime de Coffinhal à Lavoisier avant de l'envoyer à l'échafaud : « La République n'a pas besoin de savants. » Ces jours-ci, ce sont ces mêmes abrutis septuagénaires qui, se battant la poitrine, lancent des absurdités du genre : « Bon, c'est pas trop grave, il n'y a que les vieux qui en meurent. »

Le stage obligatoire de six mois se fit à l'intérieur d'un bureau d'études dirigé par une famille de mulâtres. J'ai été pris en charge par le fils ainé. Il s'appelait Billy, je crois. Rien d'étonnant, ce qu'ils faisaient, était nettement en-dessous de mes capacités. Après avoir purgé ma peine, je rédigeai mon rapport et retournai au Centre pour y finir le dernier semestre du cursus. L'atmosphère au sein du laboratoire avait beaucoup changé. Rouland retourna en France à la fin de la deuxième année, déjà perdu selon les rumeurs locales. Il m'avait traité avec beaucoup de respect et même donné son numéro de téléphone privé pour que je pusse le tenir au courant de ce qui se passait au stage. Son soutien intellectuel me manquait et sa situation désespérée m'attristait. Comme pas mal de scientifiques, il était probablement stoïque, vu son comportement digne en notre présence. Comparé à lui, son remplaçant, Répussard, enseignant d'électronique pure, était un petit campagnard crétin. On ne lui a pas rendu la vie facile. Une fois, je l'ai entendu se plaindre auprès du chef des travaux, Clément, marié à une belle Noire : « Chef, ils m'appellent cocu ! »

Encore une autre merde à traverser. Je dialoguais tranquillement, si j'ose dire, avec quelques amis à côté d'une salle de classe en session lorsque le préfet des études, un énergumène appelé Girault, vint nous dire de déguerpir à cause de nos haussements de voix. Avec politesse, je lui fis remarquer que sa façon de s'adresser à nous, était inacceptable. L'irascible vaurien s'énerva, tenta de me prendre au collet et encaissa un sérieux uppercut en retour. Il faillit s'étaler. Secoué, il partit se tenant maladroitement sur ses jambes trop maigres. Les répercussions furent rapides, on me renvoya ipso facto de l'établissement. Puisque les gros bonnets n'avaient pas suivi les règlements internes du Centre, un groupe d'étudiants et moi nous avisâmes de faire part des évènements au ministre Bernard qui nous conseilla de rentrer à l'école promettant de s'y rendre dans l'après-midi. Par la suite, on me convoqua au bureau du directeur pour m'annoncer l'annulation de la précédente décision et me suggérer de m'excuser auprès du Préfet. Ce que je fis d'un ton vainqueur. Le nom de chaque membre de ce groupe restera gravé dans ma mémoire jusqu'à la fin de mes jours. Je crois que Fred Coriolan aussi, avait courageusement fait face à d'autres types de mauvais traitement.

Avec le temps, ces vieux coquins allaient finir par m'avoir. Lisez leur commentaire dans le document qui suit pour dénicher le cheval de Troie[12]: « Doit dompter son caractère encore fougueux. » Cette phrase, traduite en anglais, n'avantage pas un jeune black dans la société étatsunienne. C'est une sorte de mise en garde à peine voilée. L'option la plus sensible et la plus pertinente dans un tel cas est de

---

[12] Au sens informatique du terme.

rigoler comme Jean Cocteau sur son lit de mort :
« Je repars à (sic) zéro ! » J'enterrai ce papier inutile
à mon ambitieuse ascension. Aujourd'hui, il est
devenu une pièce d'attestation de la malignité de ces
âmes corrompues, sillonnant le pays, prêtes à faire
évaporer le moindre sursaut d'indignation à
l'encontre de leur comportement de rapace
charognard. Moi, je dis que dans certaines
conjonctures, il faut savoir se mettre debout et
risquer sa propre situation pour sauvegarder son
honneur, donc celle de l'espèce humaine. Rappelez-
vous, je suis haïtien et camusien. Spirituellement,
des exemples de mes antécédents fleurissent,
difficilement certes, depuis plus de deux siècles.

Michelle Bennett fut la marraine de ma promotion. Le jour de la remise des diplômes, elle arriva avec des commandos de chacune des branches militaires et de la police municipale. Le campus se convertit en caserne poussant au paroxysme le nombre d'abêtisseurs de la planète réunis sur une superficie de moins d'un quart de kilomètre carré. Les aspirants diplômés, assis tous en face d'elle et de ses chiens de garde, attendaient leur tour pour lui serrer la main et recevoir leur diplôme, une dernière humiliation aux portes d'entrée de l'Enfer. Elle mâchait un quelconque cliché et me tendait un papier enroulé. Un gros âne aux favoris épais et grosses incisives d'or, décoré de nombreuses médailles scintillantes, une pour chaque bassesse, deux pour chaque crime contre le peuple, et cinq pour le crime de lèse-majesté qui lui valut son poste, me fit signe de m'arracher en urgence.

De retour à mon siège, je m'apprêtais à voir le contenu du diplôme lorsqu'on me tapa légèrement sur l'épaule. Je me retournai pour découvrir un soldat casqué botté debout derrière moi faisant signe de le suivre. Mon cœur s'arrêta sous le choc et je sentis mes forces m'abandonner. Les deux personnes qui m'encadraient, cessèrent brusquement de me parler, s'écartèrent de moi, la tête et les yeux baissés. See no evil, hear no evil, speak no evil. J'ai vite compris que j'étais seul à affronter l'inconnu. Je me mis debout avec difficulté, mes jambes commencèrent à s'alourdir. Dans ma tête, plusieurs scénarios se déroulèrent pour justifier ce périlleux moment ou si possible en trouver la genèse. La poule ou un de ses cabots avait peut-être lu mes pensées ? Impossible, je portais des lunettes noires. Merde ! Non, je les ai enlevées avant.

A quelques mètres de la foule, il se tourna vers moi et me demanda si je ne l'avais pas reconnu. Je lui dis non, la gorge serrée. Il répliqua que, lui, il se souvint parfaitement de moi. Vous comprendrez l'angoisse d'un brigand au passé mouvementé à cet instant-là. Il enchaina en me disant, entre autres, qu'il s'appelait Joseph et que nous étions amis d'enfance. Instantanément, mon cœur se remit à battre d'un rythme normal, les acouphènes cessèrent, ma langue se désépaissit, mes jambes se réveillèrent, et je feignis de le reconnaître à mon tour. J'ai appris que ses parents n'avaient plus les moyens de payer ses frais de scolarité après la Quatrième au lycée, que lui-même n'arrivait plus à progresser dans ses études, et que lorsque l'occasion de s'enrôler dans la garde présidentielle se présenta, il n'hésita pas une seconde. Après un échange chaleureux suivi d'une ferme poignée de main, nous nous quittâmes en vieux amis réunis. Jusqu'à ce jour, je n'ai aucune idée du bonhomme.

Soulagé, je m'assis souplement entre les deux lâches tous étonnés de me revoir si vite et en si bonne condition. Leurs yeux projetaient des regards nuagés de honte. Une lueur réprobatrice se lisait probablement dans les miens. Un silence inconfortable persista jusqu'à la fin de la cérémonie. Je portais un costume gris clair, très élégant, qui dans dix-huit mois allait me protéger du froid d'avril à Logan Airport. J'explosais à l'intérieur. J'avais la nausée, mais m'efforçais à ne pas vomir par souci de ne pas me salir car je n'avais pas encore fini de payer le tailleur. Le vêtement devrait, suivant un arrangement d'honneur, lui être retourné en parfait état le soir même.

Mon malaise venait du fait que mon anxiété, conjuguée à ma nature dépressive, m'épuisait après vingt-quatre ans de soumission à la tyrannie duvaliériste. Pourquoi avoir eu si peur d'un petit caporal ? Eh bien, la réponse est simple et convaincante, j'aurais pu disparaître à la Mangous, ou pire à la Gasner Raymond. Mes deux encadreurs n'avaient aucun mal à reproduire ce calcul par instinct ou par réflexe de survie. Nous étions programmés à réagir lâchement face à l'effet pulvérisateur de nos compatriotes armés car ils représentaient tangiblement les cachots de Fort-Dimanche, les bas-fonds du Palais National ou de la Caserne Dessalines, les cellules souterraines de Jacques Gracia, d'Astrel Benjamin (disparu mais jamais oublié dans le Sud), de Zacharie Delva, d'André Simon, de Sanette Balmir, d'Aderbal Lhérisson, et d'autres sans noms comme Ti Bobo et Bòs Pent ; sans oublier l'image et les conséquences terrifiantes de l'assassinat de Louis Drouin et de Marcel Numa, ou les Vêpres de Jérémie. Oui, je vis toujours dans ces temps-là. Et malheur à ceux qui les oublient ! Mais, ce malaise, il me terrorise encore au volant de ma BMW quand résonne la déroutante sirène d'une voiture de police dans une rue des États-Unis d'Amérique. Dites-moi, auriez-vous, par hasard, l'adresse d'un sanctuaire pour excentriques sexagénaires nègres à demi-sauvages ? Je vous en serais mortellement reconnaissant.

Une analyse sommaire du relevé de notes montre que le désordre de ma vie avait négativement affecté ma performance académique en deuxième année, qu'en dépit de tout, j'étais resté fidèle à l'étude des mathématiques, qu'en fin de compte, je me fus transformé en un compétent électrotechnicien et que mes présentations orales avaient été beaucoup mieux reçues que je le pensais. Je n'étais pas assez naïf pour croire que l'indépendance professionnelle tant désirée a été achevée avec l'obtention d'un diplôme de technicien. Je savais aussi que les moyens financiers à ma portée ne convenaient pas à l'érection d'une société d'études et d'installations électriques. Il fallait d'abord trouver un emploi. Le service de carrière du Centre m'orienta vers l'Aciérie d'Haïti, une manufacture située à une vingtaine de mètres de l'école. Mon rang facilita l'embauche. On me plaça au magasin technique m'assurant que c'était le meilleur moyen pour bien comprendre les opérations. Après deux semaines, on me fit visiter la salle des hauts fourneaux. Si l'Enfer existe, je me doute qu'il y fasse aussi chaud. L'homme qui alimentait les trous de feu, couvert d'une chabraque volcanisée, avait perdu toute ressemblance humaine. Il était carbonisé vivant bien que ses membres continuassent leurs mouvements automatiques. Il nous fit signe de nous retirer en se tournant vers nous le visage crispé et les yeux ensanglantés. Les visites n'étaient pas permises à cette heure-là, ma présence dérangeait l'ordre établi par le superviseur. Mon hôte murmura que le type était arrivé deux mois avant et qu'il ne le reconnaissait plus.

Le salaire n'était pas impressionnant mais raisonnable pour le milieu haïtien. Cependant, l'ennui me gagnait petit à petit. Je commençais à suspecter que la compagnie n'avait pas besoin d'un technicien de mon niveau. Les dirigeants haïtiens avaient formé des jeunes sans se soucier de créer des débouchés professionnels nécessaires pour les retenir au pays. Je n'exagérerais pas, si je disais que plus de soixante-dix pour cent de ma promotion vivent actuellement à l'extérieur. Au bout de quelques mois, on m'envoya monter des étagères en fer avec un type revenu des États-Unis où, d'après ce que je pus comprendre, il avait travaillé dans un hôpital. Il ne détenait pas de diplôme technique. C'était un ami d'une amie d'une cousine de la femme de Ben Bigio. Tenez-vous bien ! Il se déclara mon nouveau superviseur. J'étais sidéré par la réception de cette brusque notification verbale et me résolus à prendre les mesures nécessaires en vue de quitter mon poste le lendemain. Je rédigeai ma lettre de démission le soir même. Au matin, je me dirigeai au bureau de la secrétaire pour la lui remettre. Je lui expliquai l'affaire, on me demanda d'attendre un peu parce qu'il y avait d'autres formulaires à remplir ; une fois fait, on me régla selon les termes de mon emploi. Franchement, les bureaucrates me donnaient l'impression d'avoir été satisfaits du cours des évènements. Je partis sans dire au revoir.

A la suite de cette mésaventure, je me remis à l'étude des mathématiques et à son enseignement au niveau secondaire dans plusieurs collèges privés de la capitale. Je gagnais assez d'argent toutes les fins de mois pour subvenir à mes besoins personnels sans avoir eu à endurer les petitesses d'une nullité sur patte tournant autour de ces porcheries boueuses hasardeusement creusées dans les collines environnantes, ou irrévérencieusement plantées au milieu des forêts jadis vierges du haut de Delmas, repères de choix de l'élite cannibale.

Durant mes trois dernières années en Haïti, mes réflexions mathématiques se sont structurées selon trois axes d'enseignement : les cours du CPFP et ceux de l'Institut Pédagogique Nationale, des rencontres extra-scolaires et l'autodidactie. Un document de preuve de mes travaux au sein de l'IPN suit. Le premier et le troisième ne requièrent aucune explication supplémentaire. J'éclaircirai le contenu du second.

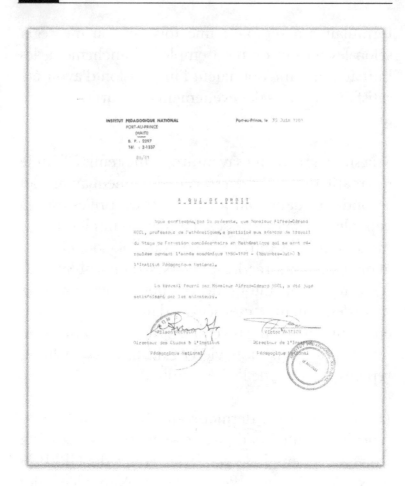

Au crépuscule des années 1970, plusieurs jeunes Haïtiens formés en France, en Belgique et au Canada retournèrent au pays. On comptait parmi eux des ingénieurs des Ponts et Chaussées (Frantz Verella, Guichard Beaulieu), des mathématiciens (Guy-Serge Pompilus, Jacky Lumarque, Pierre Paquiot), des ingénieurs et mathématiciens des universités canadiennes (Franck Helmcke, Jean-Claude Neptune), et beaucoup d'autres. Lumarque fut mon professeur d'Analyse et de Géométrie au CPFP et à l'IPN où j'ai suivi des cours de probabilités dispensés par Neptune. Durant cette même période, je me joignis à un groupe de jeunes de la Faculté des Sciences, de l'École Normale Supérieure et du CPFP qui se rencontrèrent aux locaux de différents collèges de la capitale pour suivre des cours de Topologie Générale (Verella), d'Analyse Numérique (Verella), d'Algèbre Linéaire (Beaulieu) et d'Analyse de fonctions à plusieurs variables (Helmcke). Verella, Beaulieu et Helmcke travaillaient gratuitement. Mes dernières interactions avec quelques nouveaux collègues me poussent à conclure que la raréfaction de ce type d'Haïtiens s'accélère exponentiellement.

Ces hommes, nos ainés de quelques années en moyenne, nous servaient de mentors. Ils avaient compris que le développement du pays passerait inéluctablement par celui de cadres compétents dans les domaines techno-scientifiques, que l'État ne pouvait pas le faire tout seul pour beaucoup de raisons tant légitimes qu'imaginaires, et qu'il revenait à leur génération d'y apporter leur propre contribution sous le couvert du bénévolat et du « Men anpil chay pa lou » ou plus précisément sous celui de notre devise nationale, « L'union fait la force. » Ils inspirent mes propres engagements vis-à-vis de la communauté haïtienne à l'intérieur aussi bien qu'à l'extérieur du pays.

Le 16 avril 1982, en début d'après-midi, âgé de vingt-cinq ans neuf mois et un jour, je fermai la porte de la baraque en tôle pour la dernière fois. Elle m'avait accueilli trois ans avant ce jour, dans un état similaire au sien, et bercé mes nuits de cafard au son de la pluie, en retour, je la décorais telle une vieille princesse déchue. J'étais son dernier amant, elle me l'avait dit en songe la nuit qui précédait mon départ.

Habillé du costume libéré de justesse des griffes du tailleur, je longeai le corridor étroit pour me retrouver sur l'avenue John Brown. Discrètement ému par les commentaires et les vœux d'adieu, je serrai la main à des amis et sautai dans un taxi vers l'aéroport Maïs-Gâté. Ma malle, presque vide, contenait un vieux costume, une chemise, quelques livres, des préservatifs et des photos de femmes. Pendant tout le trajet, je m'assurais constamment de la présence du passeport et du sachet jaune contenant la preuve sanitaire de mes poumons, deux objets de salut !

Mon père m'attendait à l'entrée de l'aéroport alors qu'il aurait dû se rendre à la pension. Le temps d'une brève conversation creuse, nous nous quittâmes pour toujours, je n'allais pas le revoir vivant. On examina mes documents, enregistra mes bagages ; puis, je me dirigeai vers la salle d'attente où assis pendant plus d'une heure, je fis l'inventaire de ce qu'a été ma vie dans mon pays. Au moment du départ, je bouillonnais de colère tellement les comportements des dirigeants duvaliéristes m'écœuraient. Alors, je me tournai vers la Cité ensoleillée pour leur jeter à la figure cette judicieuse trouvaille de la semaine d'avant : "Gentlemen, as far as I am concerned, you can all go fuck yourself!", écrémée de cette féroce, ô combien libératrice, haïtienneté : « Kolangyèt manman n !» Tout près de moi, une vieille, aux poumons solides, me regardait d'un air complice. Elle avait compris.

Une éducation américaine

L'avion de Pan Am atterrit à l'aéroport JFK de New York en début de soirée. De là, je pris un vol local vers l'aéroport Logan de Boston. J'y arrivai aux environs de 22 heures. Mon statut de résident permanent a été déjà confirmé à New-York, je n'avais qu'à récupérer mes bagages avant de gagner la sortie où m'attendaient ma mère et ma grand-mère. Celle-ci avait émigré deux ans plus tôt. Elles étaient très contentes de me revoir et nous causions très tard dans la nuit.

Du jour au lendemain, je redevins enfant. On me traitait comme si j'avais treize ans. Je ne comprenais rien à ma nouvelle vie. Tout m'échappait : la langue, les coutumes locales, les blagues sur la télé, le jargon dégoutant des invités haïtiens qui ridiculisaient envieusement mon accent jugé trop francisé, et pire que tout le reste, la navigation de la ville. Cette sensation d'impuissance mine le moral, détruit l'estime de soi, et renvoie au doute existentiel, voire même à la dépression nerveuse.

Les membres du nouveau cercle de connaissances de ma mère et moi ne partagions rien. Nous ne venions pas du même monde. Ils étaient presque tous rageusement matérialistes, se jalousaient morbidement pour de petites choses sans importance aucune, et utilisaient leur religion pour subjuguer les nouveaux venus. Avez-vous déjà rencontré un prêtre ou un pasteur pauvre ? Si oui, je vous garantis qu'il était en tout début carrière. L'un d'entre eux, expert-comptable témoin de Jéhovah, qui insistait pour me parler dans un français méchant, tout en s'excusant d'avoir quasiment oublié la langue de Molière que je vous assure il n'avait jamais maîtrisée auparavant, me fit savoir que Dieu m'avait déjà donné assez de connaissance pour le servir et que je ne devais pas aller au « College » comme on dit ici. Intrigué, je lui demandai pourquoi jugeait-il que les études universitaires ne m'auraient pas bénéficié alors que lui, me semblait-il, se débrouillait assez bien. Sa réponse, transpercée d'une arrogance sacrilège, était à la fois simple et insidieuse : « La fin du monde s'approche rapidement. D'après la bible, secondée par mes calculs personnels bien sûr, il n'existera plus dans vingt ans. Les Témoins de Jéhovah seuls seront sauvés à Armageddon. Quant à l'université, je ne l'aurais pas fait aujourd'hui. » Bon, c'est une traduction plus ou moins fiable de sa diarrhée verbale.

Ce flagrant exemple d'hypocrisie m'inquiéta pendant quelques jours. Dès lors, je me décidai à vivre tangentiellement à l'orbite maladive sur laquelle flottaient ces âmes en perdition, l'unique point de contact étant ma mère. Pas tout à fait, car une pimbêche du groupe qui m'épiait du coin de l'œil depuis plusieurs mois, avait su me coincer un soir à la salle de bain pendant que les autres discutaient des évangiles. Tout se passa sans bruit et sans mot. Passive, sérieuse, un peu désabusée mais encore curieuse et très coopérante, elle succomba en tremblant. Ce fut la fin de ma laiteuse contribution à leur culture générale. Hélas, condamnée par son cardiologue, elle m'a téléphoné récemment pour me demander de prier pour elle. Ah, les ravages du temps !

Ma mère savourait sa popularité avec délice. Beaucoup plus raffinée que la plupart de ces ostrogoths, elle leur faisait découvrir la qualité de ses meubles, de ses fourrures et de ses petits fins mets gourmands. Elle jouait ce rôle avec un accent de la Reine que j'avais du mal à déceler pendant les premiers mois. Elle mentait sans vergogne pour attirer ces crédules dans sa toile et les maintenir au pied de l'autel d'adoration. Elle les menait tous par le bout du nez, eux ils l'obéissaient au doigt et à l'œil. Je crois qu'au fil du temps, ils se sont épuisés, puisqu'à son enterrement, ceux qui vivaient encore ne se montrèrent pas.

Le temps passa lentement dans une insupportable immuabilité. Si ma mère ne m'avait pas demandé d'aller chercher du travail, elle ne m'avait présenté ou suggéré aucun autre projet de construction de soi pour autant. Personnellement, je ne crus pas qu'elle fût prête à me recevoir. Elle reconnut mes capacités intellectuelles, seulement, son ignorance du système universitaire et peut-être son désir de me la cacher l'empêchèrent de considérer une avenue. Je me demandais, honteusement, si elle se serait laissée influencer par ou même aurait partagé les opinions du véreux comptable puisqu'elle avait maintenu une fidélité inexplicable à certaines idées véhiculées au sein de cette secte. Mais rapidement, je compris que ce n'était pas le cas. Elle n'a jamais été insensible aux initiatives intellectuelles.

Une telle monotonie contraria mon humeur. En juillet, j'acceptai l'invitation d'une amie de la Floride et passai quelques mois à Miami pour m'éclaircir les idées. A mon retour, je décidai de prendre les choses en main. Pour moi, il n'était pas question de trouver un emploi médiocre, j'avais d'autres chiens à fouetter, un avenir à préparer, et n'aurais accepté aucun compromis qui n'eût allé dans cette direction. Je crois que durant mon absence, Suze, aussi, a pris le temps de réfléchir à cette intenable situation. Elle était prête à faire le nécessaire pour la remédier. Un premier pas fut de m'inscrire à un institut d'enseignement de langues pour perfectionner mon anglais. Cet investissement paya du point de vue locutoire.

Aux États-Unis, un électricien est un artisan, soit monteur de lignes soit câbleur. Ces deux catégories sont régies par des lois syndicales aussi distinctes que rigides. Comme au moyen-âge, la plupart des électriciens se regroupent en guildes dans le dessein de promouvoir leurs compétences et régulariser leurs salaires. En conséquence, mon diplôme du CPFP ne suffisait pas pour obtenir une licence pour travailler dans l'état du Massachusetts bien que mes qualifications fussent supérieures à celles d'un ouvrier moyen en apprentissage. De nos jours, les choses ont certainement changé pour le mieux. Je connais deux électrotechniciens du Centre qui se sont faits embauchés dès leur arrivée dans les années 90, en Floride.

Le cours d'analyse numérique de Frantz Verella m'avait introduit au langage de programmation BASIC sur une calculatrice HP-25 fabriquée par la compagnie américaine, Hewlett-Parkard. Au début des années 80, très peu d'universités formaient des informaticiens purs, un grand nombre de programmeurs venaient de certains instituts privés affiliés à des fabricateurs d'ordinateurs, des corporations telles que BURROUGHS, IBM, DIGITAL, CONTROL DATA, etc. Il m'intéressait d'aller voir ce qui se passait dans ce nouveau secteur, et d'explorer les possibilités d'une courte formation en vue d'une embauche définitive.

Le Control Data Institute à Burlington, petite ville située à 27 kilomètres au nord de Boston, retint mon attention pour la simple raison que tout le cursus était dispensé sur ordinateur. Ce qui m'arrangeait grandement. Je pouvais lire et écrire l'anglais avant de quitter Haïti, grâce à neuf ans d'étude théorique, mais j'avais encore de grandes difficultés à comprendre mes locuteurs, puis une inhibition naturelle me rendait trop timide à parler. Mes conversations avec un représentant de l'institut aboutissaient à l'entente suivante : « On m'accepterait si j'arrivais à payer les deux tiers du coût de la formation, l'autre viendrait d'une bourse fédérale, le Pell grant. » L'état du Massachusetts m'accorda un prêt couvrant la moitié des frais scolaires et Suze m'aida avec le reste. Le transport était un peu compliqué. L'autobus quittait la station de Dudley à quatre heures et demie du matin pour arriver à Burlington aux environs des six heures. Dans le sens inverse, il fallait prendre un autobus après les quinze heures jusqu'à la station de Haymarket, et continuer sur la ligne Orange vers la station de Dudley. Clairement, cela coûtait un peu d'argent.

Pourquoi une modalité et un horaire de transport si restrictifs entre deux localités si proches ? Eh bien, ce n'étaient que les séquelles évidentes de racistes lois capitalistes promulguées à la fin de la seconde guerre mondiale pour vider les centres-villes de leurs populations blanches, développer des banlieues très vivables pour accueillir celles-ci exclusivement, et maintenir une ségrégation rigide au bilan désastreux pour les groupes de couleur. Les grandes compagnies de la Route 128 utilisent la main-d'œuvre noire et immigrée à l'aurore seulement. Qu'elle disparaisse au crépuscule ! De Hegel à

Marx, on voit que la démystification du comportement de l'individu ou des états obéit toujours à une dialectique historique.

Le Control Data Institute, créé an 1965 par la compagnie américaine Control Data Corporation, est une école professionnelle et technique de portée internationale qui fonctionne encore, parfois sous d'autres noms. L'instruction se déroulait sur six mois, entièrement au moyen du système informatique PLATO. Des instructeurs humains corrigeaient les projets et aidaient l'étudiant à planifier son parcours académique et professionnel. Dans les années 70 et 80, l'Institut formait des programmeurs en FORTRAN, COBOL et RPG ainsi que des électroniciens pour subvenir aux besoins des compagnies d'électronique et d'informatique de l'époque. Je faisais partie de la promotion Janvier-Juin 1983 en Computer Programming and Operations. Le seul étudiant noir de l'établissement, je reçus mon diplôme avec distinction, Cum Laude. Ce fait d'unicité allait se répéter ad nauseam depuis mon arrivée chez l'oncle Sam.

Le mois suivant était consacré à la recherche d'un emploi. Le service de carrière de l'Institut, en mon nom, arrangea plusieurs interviews avec des entreprises de la Nouvelle-Angleterre. Je ne fus contacté que par deux compagnies d'assurance au sujet de la programmation en COBOL. Je n'ai pas été embauché. Cependant, durant ma conversation téléphonique avec l'une d'entre elles, on me demanda à quelle région de France j'appartins. Je répondis que j'étais Haïtien. On me raccrocha au nez immédiatement. Mes tentatives de rappel furent ignorées. Quant à l'autre, on me fit subir un examen assez bizarre qui n'avait rien à voir avec la programmation d'ordinateurs, et au bout duquel on m'informa que ma performance était insuffisante. La plupart des blancs avaient déjà trouvé du travail. La réalité des circonstances s'asseyait graduellement, l'Haïtien francisé, cum laude, rentra bredouille.

Ma mère essaya d'intervenir diplomatiquement. Un voisin, Mr. Green, accepta de me faire visiter une usine de la corporation General Electric à Lynn au nord de Boston. Il partait à la retraite, peut-être qu'il pouvait convaincre le foreman à me désigner comme son successeur vu qu'il était le seul ouvrier noir du groupe. La visite eut lieu un gelé matin d'hiver. L'atmosphère à l'intérieur de la boite m'effrayait. Les ouvriers avaient l'air battus, tels des personnages d'un roman d'Émile Zola. Les jeunes ressemblaient au vieux. Casqués, ventrus, fumeurs, grands hurleurs, ils se confondaient aux machines qu'ils opéraient et dont ils constituaient des prolongements topologiques ; la chaleur suffoquait. On promit de m'appeler si une situation advint. Je repartis avec le sentiment de n'y jamais retourner. Le coup de téléphone n'aura pas eu lieu. Suze ne posa aucune question incisive ou embarrassante. Elle se contenta de dire que ça ira mieux la prochaine fois. Moi, je m'orientais déjà vers l'université.

Les cours de programmation que j'ai suivis à l'Institut me laissaient une sensation d'incomplétude. J'ai voulu comprendre les théories qui justifiaient les méthodes. Mon intuition me poussait à accepter certaines choses ou à douter d'autres. Mais je ne pouvais rien proposer en termes d'explication d'idées fondamentales. Peu à peu, mes intérêts se tournaient vers la science informatique plutôt que les techniques de programmation. Durant l'année, je passai le TOEFL et le SAT, deux examens requis pour les étrangers qui veulent postuler à l'université. Les nouveaux programmes en informatique offraient un Bachelor of Science en quatre ans. Ce diplôme ouvrait beaucoup de portes à l'époque.

Je lançai une demande d'inscription auprès de Boston University et de Northeastern University. La première la rejeta sans autre forme de procès. J'entrai à Northeastern University en Septembre 1983, majeure informatique. Les frais scolaires étaient payés par un Pell grant et des prêts d'étudiants garantis par l'état. Les cours de mathématiques étaient assez faibles ou du moins j'en connaissais déjà le contenu. Alors on m'autorisa à prendre des cours de mathématiques plus avancés pour accumuler le nombre de crédits nécessaire. Le premier cours d'informatique, enseigné par le directeur du Département de Mathématique, Pete Gilmore, était le langage Pascal que j'avais déjà commencé à apprendre tout seul à l'Institut, parce que j'avais terminé le cursus en cinq mois au lieu de six. Dans l'intervalle, je fus embauché comme Tuteur de Mathématique à l'African American Institute, à un salaire variant entre 100 et 150 dollars par semaine. J'ai pu donc soutenir les dépenses de ma mère et régler mes propres affaires, sans l'aide de personne, pour la première fois dans ma vie. Dès lors, je cessai de recevoir toute aide financière de la part de ma mère qui aura laissé son emploi l'année d'après, pour ne jamais plus travailler pour personne d'autre jusqu'à la fin de ses jours. C'était une guerrière Amazone au vrai sens du terme.

Au milieu de l'année académique, je reçus une lettre de l'Université m'informant que j'allais être obligé de contribuer personnellement à payer une partie des frais d'études à partir du nouvel an. Northeastern avait mis sur pied un système, COOP, permettant aux étudiants de trouver du travail dans un secteur proche de leur domaine, à chaque autre trimestre. Ils étaient assez bien rémunérés pour pouvoir s'acquitter de leurs dettes envers l'Université. Ce système fonctionna pendant longtemps. Dans beaucoup de cas, l'étudiant était embauché à la même compagnie à la fin de ses études. Pour une raison ou pour une autre, je ne voulais pas choisir cette voie, je préférais plutôt changer d'université. Mon option canonique était l'université publique de Massachusetts beaucoup moins chère.

Au troisième trimestre, je prenais le second cours d'Analyse Numérique dispensé par, Terrence Gaffney, un mathématicien Américain d'origine irlandaise, lorsque celui-ci m'approcha pour se faire une idée de mes réelles connaissances en Mathématique. Mes solutions lui semblaient être beaucoup plus sophistiquées que celles des autres étudiants même si je ne parlais pas trop en classe. Je lui expliquai que mon silence était dû au fait que je ne connaissais pas les termes mathématiques en anglais. Alors, il me fit rencontrer deux autres professeurs francophiles Jack Varga et Tom Sherman qui me posèrent des questions durant deux heures et demie à peu près. Plus tard, Terrence Gaffney m'annonça que le département était prêt à m'accepter comme boursier en Master (Maitrise), qu'il me fallût enseigner un cours par trimestre, que tous les frais scolaires auraient été pris en charge par le département, que j'aurais eu droit à un bureau dans l'immeuble, et qu'en plus j'allais recevoir neuf mille dollars en rémunération. Le contrat fut signé quelques jours après. La chance, si elle existe vraiment, ne favorise que les esprits préparés d'après Louis Pasteur.

Professeur Terrence Gaffney

Le premier cours que j'ai enseigné à Northeastern University était le Calcul Différentiel à l'endroit des étudiants en Finance et Management dotés d'une extraordinaire tolérance pour les accents étrangers. La majorité des élèves-mathématiciens, en Maitrise et Doctorat dans les universités américaines, étaient et sont des étrangers aux accents impénétrables, venus en grande partie des meilleures universités de la Chine ou de l'Inde. En plus de l'accent, il y avait des différences de mœurs et de comportements qu'il fallait harmoniser aussi rapidement que possible. On se trouvait dans un dynamisme de survie généralisé. D'un côté, il y avait les étudiants américains qui venaient d'un peu partout du territoire national et pour la première fois de leur courte vie devaient s'affirmer et prendre des responsabilités, de l'autre des étrangers catapultés sans aucune préparation au milieu d'une classe de jeunes blancs inconfortables les scrutant avec méfiance.

Par exemple, on me croyait être du sud des États-Unis, parce que mes cheveux étaient bouclés et je portais une couronne dentaire en or. Mon accent était atroce, et l'est toujours, je n'ai jamais pu me débarrasser de l'empreinte linguistique franco-haïtienne. Mon seul et crucial atout venait du fait que j'avais commencé à enseigner les mathématiques depuis 1979 pour ne pas dire 1969, puisque j'avais toujours dirigé mes groupes de travail. Par conséquent, je savais très bien comment gérer l'atmosphère d'une classe pendant la période d'apprentissage. Doué d'un physique imposant, robuste à la Fritz Clodomir et renforcé d'une voix aussi sonore que pénétrante, je contrôlais tout sans trop de difficulté. J'avancerais aussi, sans fausse modestie, que le fanfaron, pour une fois, savait ce dont il parlait. J'ai enseigné au département pendant quatorze ans de 1984 à 1998.

Le Professeur de mathématique est par-dessus tout un comédien. Il est habité toujours et simultanément par tous les personnages qu'il a incarnés et qu'il incarnera pour l'éternité, c'est-à-dire ses découvertes de recherche et ses théorèmes. En réalité, il n'y a vraiment qu'un seul personnage, lui et seulement lui, intemporel. Son vrai génie consiste à se déployer selon les attentes de son public, j'entends par là sa communauté professionnelle, étudiants, chercheurs, etc. Il s'adapte à son audience, l'oblige, sans qu'elle en soit nécessairement consciente, à voyager avec lui, durant une heure ou deux, dans l'espace et dans le temps, et la fait découvrir, à travers lui, la vérité de l'acte géniteur donc transformateur. Réciproquement, il est aussi acteur. Il habite le personnage atypique joué à l'instant même, c'est-à-dire le sujet de l'actuelle discussion, et il sait que l'éphémérité de sa performance n'est qu'une illusion vécue intensément par une partie du public, car en se métamorphosant, le personnage incarné l'habite à son tour. Sa trajectoire vitale est l'objet d'une herméneutique de la circularité. Il habite pour être finalement lui-même habité. Alors, il perd toute illusion avec la vie. Demain, il sera un autre, l'autre sera lui. C'est pourquoi l'artiste mathématicien vit dans l'amor fati, qu'il le sache ou non. Un bon enseignant-chercheur fond en lui ces deux modes d'existence. Mais, plus qu'un comédien-acteur, il est, en fait, faiseur d'hommes, homme d'action Aronien « qui, en une conjoncture singulière et unique, choisit en fonction de ses valeurs et introduit dans le réseau du déterminisme un fait nouveau[13]. » Ah ! Avouez que vous aimeriez me voir étranglé d'une main poilue. Je dérange ?

---

[13] Raymond Aron: Max Weber, Le savant et le politique

L'éducation mathématique reçue en Haïti était adéquate mais pas suffisante pour entrer directement en Maîtrise. Cette conclusion émanait de mes tentatives de lire des livres d'Algèbre et d'Analyse que j'allais utiliser en première année de Master. Deux raisons principales peuvent expliquer ce manque de préparation. D'abord, mes études mathématiques, après le baccalauréat, étaient guidées par des interventions ciblées non systématiques et par un autodidactisme dépourvu de sources de matériel pédagogique fiable et diversifié. Ensuite, il existe une profonde différence de philosophie de l'enseignement mathématique entre les deux systèmes.

La méthode haïtienne suit celle des universités françaises. De nature très théorique, elle enchaine, d'emblée, des démonstrations de théorèmes à partir d'un certain nombre d'axiomes fixés au préalable. Elle se repose complètement sur l'utilisation de la logique pure et la dextérité à manipuler les symboles de cet univers fixé, en d'autres termes, on passe d'une vérité mathématique à une autre selon un fil conducteur universel. C'est une approche à la fois sophistique et sophistiquée, en ce sens elle est moins prône à l'erreur. Cependant, elle peut, toutefois, entraver l'expérimentation et la découverte au détriment d'un esprit peu averti.

La méthode américaine, par contre, s'assoit sur le calcul d'exemples d'un modèle simple et stylisé de prime abord. Cette démarche est antérieure à l'ultime généralisation qui la justifiera du point de vue ontologique. Il s'ensuit que l'étudiant arrive en Master avec des savoir-faire pratiques et techniques, des outils algorithmiques et informatiques, et une certaine maturité professionnelle qui vont lui permettre d'instancier les nouvelles théories et les contextualiser dans un monde construit sur la familiarité avec une pluralité de connexions établies dans le temps. Cette méthode rejoint la philosophie utilitaire anglo-saxonne, ce qui est quand même un peu déroutant vue la genèse allemande de l'école mathématique américaine. Elle s'aligne aussi sur des idées préconisées par les dernières recherches pointues sur les modalités et les mécanismes d'apprentissage du cerveau humain.

Cependant, les deux méthodes ne soulignent pas assez l'historicité du sujet, sa Geschichtlichkeit, pour rester fidèle à l'origine germanique du terme ; ce qui faciliterait sa généalogie et forcément la compréhension de l'insistance de ses praticiens à retenir son caractère unifié et unificateur. L'unité des mathématiques est une croyance nécessaire au chercheur en proie aux réalités cosmiques, pour en saisir l'essence et la signification ; son épanouissement en dépend. Cette carence peut se justifier par la corruption ou la bastardisation d'un système universitaire valorisant de plus en plus des formations technologiques, dénuées de tout contenu historiocentrique, et dont le seul but est d'approvisionner la Machine Capitaliste en une main d'œuvre qualifiée et soumise, manufacturant ainsi une peuplade de sauvages déterminés à nous engloutir tous dans leur folie dominatrice. Je vous garantis que le réveil sera fracassant. You ain't seen nothing yet.

Des sessions de rattrapage furent amorcées durant l'été. J'essayai de colmater les trous et les fissures saignantes dans mes connaissances théoriques par le biais d'une logique de rapiéçage. Le problème de matériel didactique ne se posait plus. J'avais à ma disposition des livres écrits par des professeurs et chercheurs qui, pour toute une gamme de raisons amèrement évidentes, pouvaient se permettre de prendre à cœur leur tâche d'éducateur. La distance entre un polycopié du genre définition-lemme-proposition-théorème-corollaire, griffonné à la hussarde par un enseignant empêché sous-payé ou des notes gribouillées d'un étudiant affamé pressé, et un tome bien travaillé dans des conditions de labeur optimales, est incalculable. La pertinence de cette dernière phrase est déterminée par le résultat escompté. Si on privilégie l'élitisme au détriment du plus grand nombre, alors ce problème se délite, car le surdoué s'en sort toujours haut la main. Si, au contraire, on se base sur les leçons sanglantes de l'histoire pour véhiculer une approche inclusive visant à doter chaque élève d'un outillage intellectuel efficace pour son avenir, alors on a intérêt à produire soi-même, selon ses propres moyens et dans sa propre langue, des matériels d'apprentissage de bonne qualité.

Gaffney me mit en contact avec Jonathan Ball, un instructeur qui allait enseigner le cours d'Analyse à la session d'été. Celui-ci me permit d'y assister en tant qu'auditeur libre. Dans le système nord-américain, ce cours est habituellement peuplé d'étudiants en dernière année de Bachelor. Comme j'ai dit tout à l'heure, l'enseignement des mathématiques à ce niveau démarre lentement avec le Calcul différentiel et intégral des fonctions d'une seule variable d'abord, puis, on continue dans les années successives avec les fonctions à plusieurs variables, l'Algèbre moderne, l'Algèbre linéaire, les équations différentielles ordinaires et partielles, la combinatoire, la théorie des nombres, le calcul des probabilités, la statistique etc. Donc, arrivé au bout de ses études, un bon étudiant américain ou canadien aura développé une maturité mathématique assez sophistiquée pour contextualiser les idées abstraites de l'analyse. Il est vrai que cette maturité sera différente de celle d'un licencié du système français. A ce niveau-là, les deux systèmes perçoivent des finalités différentes, bien qu'ils soient comparables en Maitrise et Doctorat depuis assez longtemps. Jonathan est aujourd'hui l'un de mes plus vieux amis, nous travaillons actuellement à la même université.

Mes défaillances en Algèbre étaient beaucoup plus profondes et malencontreusement, devaient être abordées en solitaire. Très peu de mes acolytes s'adonnaient à ce genre de masturbation intellectuelle. C'étaient des esprits utilitaires. Je pense que l'enseignement de cette science dans le système éducatif haïtien présente de graves imperfections qu'il convient de rectifier non pas en singeant le contenu des vidéos de MIT ou de Berkeley mais en développant ce que j'appellerais des compétences du terroir. Tous les grands systèmes d'éducation scolaire se sont construits à travers des réflexions nationales et nationalistes ou anthropologiques, même dans de tous petits pays comme le Singapour ou la Corée du Sud, pour ne citer qu'eux. Les cours d'Algèbre dans les universités russes, françaises, allemandes, anglaises et américaines ne sont pas les mêmes, l'ordre des sujets explorés, la nature des investigations et la manière pédagogique d'introduire les concepts de base sont différents, quoique le but final soit partagé. Prenons, en l'occurrence, l'enseignement de l'Algèbre Linéaire en Amérique du Nord. D'abord, on déploie une théorie matricielle et géométrique à partir de l'étude des solutions de systèmes d'équations linéaires, soutenue par des logiciels ; par conséquent, l'étudiant se retrouve en possession d'un formidable arsenal de techniques algorithmiques qui vont lui permettre d'investiguer les propriétés des géométries euclidiennes et non euclidiennes via des transformations algébriques. Ensuite, on passe aux structures abstraites : groupes, anneaux, corps, algèbres, etc. Cependant, le professeur, à ce point-là, sait que l'étudiant est à l'évidence d'un certain nombre d'exemples concrets qu'il peut utiliser pour mieux asseoir sa compréhension des théories plus avancées. Tandis qu'en France, par exemple, on part de la supposée familiarité avec certaines notions au niveau secondaire, pour préconiser une approche essentiellement englobante dès la première année universitaire. A mon avis, une question singulière, en général, requiert sa propre réponse.

A la fin des années 1970, on vit les débuts de la création systématique des départements de Computer Science (Informatique) au sein des universités nord-américaines. Avant, l'enseignement de la programmation et des techniques informatiques se déroula plutôt dans des départements de Mathématique, de Génie Électrique et de Management. Incidemment, je faisais partie de la deuxième promotion du département de Computer Science à Northeastern University qui allait offrir un Master à partir de 1984. Donc, à mon arrivée au département de Mathématique, il était encore possible de faire un Master en mathématiques appliqués avec spécialisation en informatique en prenant des cours aux deux départements. Je choisis d'étudier l'analyse combinatoire et l'informatique.

J'enseignais un cours par trimestre et en prenais deux ou trois. En première année de Master, il fallait travailler sur les cours de base en algèbre, en analyse, en analyse combinatoire et en informatique. Ce qui m'arrangeait bien, puisque je programmais depuis dix-huit mois et avais déjà pris, au niveau Bachelor, tous les cours de base en structure de données, analyse d'algorithmes, théorie de langages formels, etc. En plus, j'avais cramé l'analyse et l'algèbre moderne pendant l'été. En deuxième année dite de spécialisation, j'assistai à des cours en optimisation, en théorie des graphes, en calcul de probabilités et statistiques, en construction de compilateurs, des systèmes d'exploitation et des bases de données, sans oublier l'analyse numérique, l'intelligence artificielle et la théorie des langages. En gros, je n'avais aucune difficulté à compléter le cursus en deux ans, avec un grand nombre de crédits supplémentaires, et reçus mon diplôme de Master en Juin 1986 par le service postal. Peu de temps après, j'entrai dans une terrible phase dépressive qui allait durer plus de dix ans, les années brumeuses. On renouvela mes fonds pour un an de plus. Je restai au département avec la vague idée de postuler pour le doctorat.

A vrai dire, l'air avait coutume de s'épaissir dans mon cerveau au contour de l'adolescence. Alors, j'attribuais ces fréquentes sensations sinusoïdales de courte durée aux paramètres honteux auxquels était confronté notre quotidien sous le joug des régimes duvaliéristes. Cette fois-ci, la différence se montrait palpable et menaçante. Je traversais les jours en spectateur et agissais en automate. Je cessai de sentir quoiqu'il m'arrivât d'avoir des soubresauts de sanité d'esprit qui ne furent essentiellement que des velléités personnelles, et se raréfièrent. Je me hissais durant la nuit pour chuter au matin. Les livres de mathématiques reposaient tranquillement sur mon bureau, hostiles, étrangers, intouchables. La vie devint une lutte permanente contre une terreur indéfinissable, inexplicable donc invincible. Alors que faire quand on perd la boussole, et ne sait plus qui on est ?

Ce drame se vit en solitaire, au même titre qu'un suicide ou un cancer, à la seule différence que la finalité de sa souffrance n'est pas du tout perceptible à l'entendement de l'affligé. Il est renfermé dans son enfer hermétiquement clos qui lui sert en même temps de bouclier contre les attaques répétitives réelles ou imaginées venant de l'extérieur, tandis que les bourrasques se déchainent à l'intérieur. Mais l'instinct de survie persiste dès le col de l'utérus. La douleur se cache derrière une bonne humeur, cultivée dans le désespoir, pour désarmer les proches, les amis, et surtout l'être aimé. Cette dernière tactique est véritablement insidieuse car elle est simultanément active et réactive. Parfois, elle produit les effets attendus ; plus souvent, elle s'accompagne d'un insecouable sentiment de déchéance et d'humiliation. Alors, on espère faire mieux demain sachant très bien que les dés sont déjà jetés.

Sentant le gouffre à mes pieds, je m'accrochai à la seule branche qui m'a toujours soutenu, je veux dire la pensée philosophique mathématique. Il est instructif de remarquer que durant mes rares moments de clarté, j'émerveillais certains étudiants par la rigueur des solutions inattendues que j'apportais à certains problèmes réputés difficiles. Je me rappelle, au cours d'une discussion menée par un constructiviste professeur, Gabriel Stolzenberg, avoir donné une réponse algorithmique à une question d'existence, et que celui-ci m'eut pointé du doigt en disant : « La solution d'Alfred est optimale. »

Mon égotisme n'arrivait plus à dissimuler mes pires instincts. Mes excentricités commencèrent à rendre la vie difficile à mes collègues et professeurs, et je n'étais pas au-dessus d'une engueulade monumentale pour un rien jugé déplacé à mon égard. Je me battais également aux bars tant pour l'honneur d'une inconnue que pour combler mes alarmantes insécurités. On fit semblant d'ignorer mes dangereuses escapades. Le degré de tolérance est étonnamment haut dans ces départements où cantonnent des pelotons de jeunes dieux bannis, presque tous en situation difficile, se soignant de manières douteuses. En mars 1987, je quittai la maison familiale et pris congé des études universitaires après avoir exprimé mon désir d'y retourner à une date ultérieure non-spécifiée. Cet état d'égarement aura perduré sept ans. En juin, je fus embauché par une grande compagnie de CAO (Conception à l'aide de l'ordinateur), Computervision à Bedford, toujours dans le Massachusetts.

Cette défaillance existentielle, souvent vécue dans la solitude du cœur, se dévoile entre l'embonpoint naissant d'une actrice adorée et la maigreur inquiétante d'un comédien admiré. Elle s'inscrit dans la courbure du dos du feu Lesage Clotaire, mon second père, après avoir été emprisonné pour avoir troublé la sieste du colonel Cochon avec son klaxon. Elle se lit dans les vers fatigués du poète dont la muse, longtemps souffrante et pardonnante, vient de s'éteindre dans le lit d'un autre, ou à travers les mouvements de sursauts saccadés des sourcils grisonnés du vieil écrivain réalisant finalement que l'espèce est perdue. Je l'ai entendue dans la voix d'un musicien batteur dont la jeune épouse, soulevée par un ami traître, venait de partir avec l'enfant, et lui n'ayant pas les moyens d'obtenir une libération sous caution. Elle crie à la troisième et à la dernière mesure d'Adieu Foulard de Frantz Casséus qui, dans la révolte la plus pure, l'aura éclatée sur les notes d'un petit chef-d'œuvre de la musique classique haïtienne, Nan Guinin-Yanvalloux. Elle surprend l'artiste mathématicien, rentré une fois de plus dans l'équivoque, chevauchant les courbes hostiles d'un univers froid, à la fin d'une découverte profonde. Elle enveloppe la chétive Louisette sur la route du retour portant entre ses bras la progéniture d'un Monsieur de la ville. La plupart du temps, elle se métamorphose en révolte. Mais, mais, je ne l'ai jamais vue dans les yeux de Vilicia, de Willy, de Mangous ou d'autres crucifiés absorbés par leur lente agonie, les vrais philosophes de l'absurde. Je sais qu'elle est absente chez le suicidé au moment du saut ou du claquement du revolver. Elle n'atteint pas les saints.

Le capitalisme, toujours en quête d'adaptation, explosa les règles du jeu à la fin de la seconde guerre mondiale, amorçant non seulement la libération de l'Europe du joug nazi, mais aussi celle du reste du monde de la colonisation européenne centenaire. Les États-uniens devinrent Croupier Extraordinaire. Contrairement à leurs rivaux russes, ils misèrent sur le développement technologique à grand-échelle via le calcul digital sur des modèles de l'ordinateur de Von Neumann construits à partir d'une théorie d'Alan Turing. Les Américains et les Russes étaient aux prises avec, entre autres, des problèmes de modélisation économique, de contrôle dynamique de radars, de la trajectoire de navettes spatiales et de missiles nucléaires. Pour solutionner ces problèmes, il faut résoudre des systèmes d'équations aux dérivées partielles réputés à cause de leur difficulté intrinsèque et de leur instabilité. L'Union Soviétique, technologiquement moins avancée que les États-Unis d'Amérique, opta pour des solutions analytiques exactes nécessitant généralement des techniques de calculs d'analyse extrêmement lourdes, alors que les Américains préférèrent travailler avec des approximations obtenues relativement vite à l'aide d'ordinateurs.

L'un des handicaps marquants de cette émancipation technologique fut l'automation et l'uniformisation des grands systèmes de productions énergétiques, industrielles et financières. Il est donc évident que les occidentaux auraient eu intérêt à développer la communication visuelle au niveau de l'ordinateur. Ce qui n'était pas vraiment le cas jusqu'à l'arrivée de l'Internet, l'agrandissement des bandes passantes et la vulgarisation de techniques ultra sophistiquées de traitement d'image datant des débuts de ce siècle. J'intégrai, comme ingénieur en logiciels, le groupe de « Geometry » au sein de Computervision, en plein milieu de cette révolution. Fondée en 1969 par Marty Allen et Philippe Villers à Bedford Massachusetts, la compagnie atteint son apogée dans les 1980 avec une vaste clientèle internationale. Son produit, CADDS5, est encore vendu par Parametric Technology Corporation.

A la fin des années 50, les grandes compagnies d'automobiles décidèrent aussi d'automatiser leurs moyens de production. Cependant les ingénieurs, à cette époque, n'avaient aucune idée de la mathématique utilisable à cette fin. C'était à ce moment crucial que Pierre Bézier (Renault), Paul de Casteljau (Citroën), Steven Anson Coons (Massachussetts Institute of Technology), et beaucoup d'autres commencèrent leurs travaux sur les questions géométriques, donc algébriques, pertinentes à la CAO. Notre tâche principale consistait à développer des logiciels pour soutenir et assister les designers d'automobiles, de tracteurs, de navires, d'avions et d'autres véhicules civils ou militaires, en leur donnant la possibilité, pour la première fois, de créer, de changer et de visualiser leurs maquettes sous l'écran d'un ordinateur. Étant citoyen Haïtien, naturellement, je travaillais uniquement sur des applications civiles. Les cours que j'avais suivis à l'université m'ont fourni des connaissances théoriques assez diversifiées pour me permettre de planifier et d'effectuer mon travail sans grande difficulté. Je fus promu Senior Software Engineer en 1990. Plusieurs membres de mon équipe, docteurs en mathématique, m'enseignèrent des choses nouvelles et me conseillèrent d'apprendre certaines techniques négligées dans le système académique américain. L'atmosphère intellectuelle me poussa à améliorer mes acquis et à combler mes lacunes en sciences appliquées mieux qu'à l'université où la compartimentation règne.

L'un des docteurs, Russell Teglas, un Américain, et moi sommes restés toujours amis.

Le vent glacé qui soufflait vers moi depuis bientôt vingt ans, finit par s'engouffrer dans ma tête. Un beau soir en 1990, tout s'effondra autour de moi. Outre ma vie personnelle chaotique, un changement importun dans mon environnement professionnel se produisit durant cette période. L'embauchage d'un grand nombre de nouveaux ingénieurs transforma la culture ambiante, à mon sens. Alors, je planai pendant les deux années suivantes, travaillant peu, fumant et buvant démesurément, descendant inéluctablement vers l'abîme intérieur. Je devins un esprit tourmenté au sens strict du terme.

Entre doute et désolation, au printemps 1992, je contactai le Professeur Solomon Jekel à Norteastern pour l'informer de ma décision de retourner au département en Janvier 1993 pour entreprendre des études doctorales. Il fut convenu que j'allais être admis en temps partiel durant la première année avant d'obtenir une bourse et des charges de cours. En un certain sens, je n'ai jamais été vraiment parti, puisque je continuai de donner des cours tôt, le matin, ou tard, le soir, pendant que j'étais à Computervision. En 1994, sept ans après mon départ, je réintégrai le programme. Je n'étais plus l'homme ou le mathématicien que j'avais été. Entre vous et moi, j'étais à bout de force.

MÈRE SALVATRICE INCOMPRISE

A la remise du diplôme de doctorat en juin 1997
De gauche à droite : Alfred Noël, Suze Auguste, Frantz Noël

La surprenante décroissance de mes capacités intellectuelles amplifiée par l'intensité de mon mal-être intérieur me transforma en réfugié académique. Je partageais une salle de bureau avec Xi Du, un étudiant chinois très compétent. Les nouveaux doctorants, tous beaucoup plus jeunes que moi, venaient majoritairement de l'Europe de l'Est et de la Russie pour travailler avec de grands professeurs soviétiques qui profitèrent de la détente politico-économique, la Perestroika (Перестройка), entamée par Mikhail Gorbachev, pour intégrer le corps professoral des grandes universités occidentales. Entretemps, tous mes amis étaient soit déjà diplômés, soit recalés. Je trafiquais sur un terrain inhabituel pour un homme de trente-huit ans. Alors, vous comprendrez mon instinct, à l'instar de Kopernik, d'inverser les règles du jeu.

Contrairement à mes ardents condisciples, je pouvais choisir de ne pas passer des examens de qualifications pour démarrer une thèse, parce que les règlements avaient changé depuis mon départ et qu'une faille m'eut donné cette option. Je la saisis sans hésiter. Ce fut une chance majeure pour trouver rapidement un directeur de thèse, définir un problème intéressant, et me mettre au diapason afin de le résoudre aussi vite que possible.

Le décroissement de mes prouesses mathématiques était certainement dû au fait que je ne pus concentrer ou me focaliser longtemps sur une tâche demandant un effort non trivial. Au sein du groupe de Geometry, il y avait deux ou trois personnes qui aimèrent à discuter des problèmes de mathématique pure sans se soucier de les appliquer à ce que nous faisions. L'une d'entre elles fut un russe dont le génie brulé trop tôt, le fit virer de Northeastern où il eut été professeur à ma première arrivée. Des compatriotes, hauts-placés dans la compagnie, l'embauchèrent ; naturellement, il intégra notre équipe, et me reconnaissant, il se rapprocha de moi. La plupart du temps, je sus le faire ramener nos discussions ésotériques aux applications qui nous concernèrent. Ainsi, le travail fut réalisé sans trop de délai. Cependant, il était en train de traverser une crise dépressive aiguë à cette même période et sombra frénétiquement dans l'irréversible. Cette expérience, acquise pratiquement dans les tranchées, m'apprit à déceler au cours d'une discussion ou d'une présentation, le contour des contenus mathématiques susceptibles de me servir dans mes propres travaux. Je vous fais cette confidence que vous utiliserez à votre guise : dans toute initiative de recherche ou de création, l'essentiel est de savoir écouter les autres aussi bien que soi-même.

Avant mon retour en 1993, j'établis une correspondance mathématique avec le docteur Donald R. King, l'unique professeur Noir du département. Je soulignerai sans ambages que, dans les départements de Mathématique, Physique et

Génie, le nombre de Noirs et de femmes est en général assez faible comparé à celui d'hommes blancs. Cette proportion, en ce qui concerne les femmes blanches, s'améliore à une vitesse de tortue. Le cas des Noirs reste plus difficile à cerner. Le déferlement des vagues d'ingénieurs et de scientifiques immigrés complique davantage les problématiques autour du racisme et de l'intégration de l'Autre dans les grands secteurs de recherche et de développement du pays.

Donald Raymond King est né au sud des États-Unis. Encore enfant, ses parents montèrent à New-York pour enlever les leurs des griffes draconiennes des lois de ségrégation raciale Jim Crow sévissant dans tous les états sudistes à partir de 1876 jusqu'en 1964. Il y vécut jusqu'à la fin de ses brillantes études secondaires avant d'intégrer le Département de Mathématique de Harvard University au début des années 1960, en plein milieu de la révolution des Civil Rights menée par Malcom X, Martin Luther King et d'autres importantes figures et associations américaines. A Harvard, ses études se terminèrent avec une thèse de Bachelor sur une question de la Logique. A la suite, Il professa l'enseignement secondaire pendant dix ans et décrocha un Master en Histoire à Northeastern dans l'intervalle. Des professeurs de Mathématique de cette université, spécialement Thomas Sherman, ayant découvert ses talents innés, l'encouragèrent à poursuivre un doctorat qu'il fit à MIT sous la direction du fameux

Betram Kostant. Ses travaux se culminèrent avec une thèse assez connue et régulièrement citée, sur une question en Théorie des Représentations, branche caractérisée par sa saisissante omniprésence en Mathématique. Peu de temps après, il retourna au département en tant qu'enseignant-chercheur et y resta jusqu'à sa retraite en juin 2019, après plus de cinquante ans de vie académique.

Ma décision de travailler sous la direction de King fut le résultat d'une intense délibération personnelle. Mon choix naturel aurait été celui de Gaffney pour la simple raison qu'il avait toujours cru dans mes capacités à mener des travaux de recherche et qu'il m'avait déjà introduit à sa spécialité, Théorie des Singularités, huit ans plus tôt. Un autre brillant mathématicien, David Massey, un peu plus jeune que moi, lui aussi en Théorie des Singularités, était une personne avec laquelle j'aurais pu développer un projet doctoral ; c'était un ami en plus. Thomas Sherman, pareillement, était sur mon radar, j'avais passé plusieurs de ses cours avec excellence, il me respectait. En outre, il y avait Mark Ramras dont les travaux en Théorie des Graphes s'alignèrent harmonieusement avec ma connaissance de l'Analyse Combinatoire. Pour une raison tout à fait inexplicable, King, que je ne connaissais pas trop, et dont le sujet de recherche est réputé difficile, m'inspira confiance. Mon adhésion à la philosophie de la nature stoïcienne m'a toujours guidé vers ma place naturelle, c'est-à-dire, je m'efforce, tant que je peux, de « ζουν σύμφωνα με τη φύση : vivre en conformité avec la nature. » Sachez, d'ailleurs, que dans mon vocabulaire métaphysique la nature et ma nature sont interchangeables. En effet, c'est quelque chose de viscéral. J'étais certain d'avoir pris une résolution optimale à portée individuellement bénéfique. Ce ne fut pas ni la première ni la dernière fois que j'agirais de cette manière.

PhD Hooding Ceremony

Professeur Donald R. King me place le foulard bleu, couleur des Arts et de des Sciences autour du cou, symbole de consécration des nouveaux chercheurs. Juin 1997.

Mes discussions initiales avec King furent fort instructives, en particulier elles se portèrent sur des études préparatoires nécessaires à la détermination de potentielles pistes de recherche. D'une voix sereine et confiante, il me dit « Alfred, puisque ton but final est d'intégrer l'enseignement universitaire, il te faudra une très forte thèse dû à ton âge un peu avancé pour ce genre d'initiative. Il est vrai que tu as progressé dans tes travaux indépendants sur les prérequis depuis ton arrivée l'année dernière, mais il te reste encore pas mal de terrain à gagner, avant qu'on puisse passer aux choses sérieuses. Je te recommande d'approfondir le contenu de ces quatre livres et de cet article fondamental, écrit par mon directeur de thèse dans les années 60, d'ici la fin de l'été. Évidemment, je saurai t'accompagner tout au long de ce processus. »

Inutile de vous dire que je tremblais à ma sortie de son bureau. Vous réaliserez que cette crainte était tout-à-fait justifiée quand je vous aurai dit qu'en réalité, derrière cette remarquable bienveillance, il m'ordonna effectivement d'appréhender une substantielle quantité de profondes mathématiques écartelées sur environs mille cinq cent pages, en moins de neuf mois. Sachant que j'étais déjà dans un état mental précaire, j'essayai de raisonner une fois de plus à la Kopernik. Pourquoi ne pas commencer avec l'article fondamental, et remplir les prérequis au fur et à mesure ? Nous avions auspicieusement adopté cette approche d'ingénieur à Computervision pour accélérer le développement de nos logiciels. Les fruits de cette méthode furent récoltés en juillet 1994 à Banff, une station balnéaire située à l'ouest du Canada, durant une école d'été.

David Vogan, professeur de mathématique à MIT, frère mathématique de mon directeur, un des plus grands mathématiciens du siècle dernier, au cours d'une conversation, indiqua qu'il était favorable à une investigation proposée par les auteurs d'un des quatre livres, et qu'il pensait que King et moi avions du flair.

De retour à Boston, King m'instruisit de contacter deux mathématiciens qui auraient été susceptibles d'avoir eu vent des dernières découvertes sur le sujet qui nous intéressait et par conséquent auraient pu nous donner quelques indices sur son statut. Je prends le soin d'illustrer la nature de cette correspondance en plaçant, en appendice, maintes pertinentes missives. La question fut de savoir comment élargir la portée d'une découverte de P. Bala et de R. W. Carter publiée en 1976, l'année de ma première chute chez Anglade. Cette démarche cruciale s'inscrit toujours dans l'élaboration d'un projet doctoral dont le résultat final doit nécessairement introduire un fait nouveau aux limites de l'entendement humain. Si un quelconque savant avait déjà répondu à cette question, alors il m'aurait fallu trouver un autre problème, ou du moins lui fournir la même réponse par le biais d'une nouvelle preuve. Mes deux correspondants furent le Britannique Roger W. Carter, un des deux co-auteurs de la découverte, et l'autre, le Japonais, Takuya Ohta qui avait beaucoup utilisé une technique que nous jugions salutaire, la correspondance Kostant-Sekiguchi, préconisée par mon grand-père mathématique Bertram Kostant et développée par le Japonais, Jiro Sekiguchi. Cette correspondance allait devenir mon arme de guerre pendant un bon bout de temps.

En 1994, le courrier électronique et l'Internet étaient encore à leurs débuts. Les communications non verbales se déroulaient plutôt par fax ou par la poste. Contacté via fax le 24 août, Carter répondit le lendemain pour me dire qu'il aurait été approprié d'entamer ce projet vu qu'à sa connaissance cette question restait ouverte. La lettre envoyée à Ohta fut répondue un mois plus tard, lui aussi me conseilla d'étudier les propositions que je lui avais soumises.

Tout au long de ce paragraphe, je m'exprime à l'endroit du lecteur mathématicien. Ma thèse se porte sur le développement d'une nouvelle méthode de classification des orbites nilpotentes d'une algèbre de Lie réductive réelle en prolongeant une classification de Bala et de Carter du contexte d'une algèbre de Lie réductive complexe à celui d'une algèbre de Lie réductive réelle. L'importance d'un tel résultat se situe dans le cadre des travaux sur la détermination des classes d'irréductibles représentations unitaires d'un groupe de Lie, connue sous le nom de « The Unitary Dual Problem ». En effet, c'est l'une des questions dont la résolution permettrait de généraliser l'analyse de

Fourier en vue de résoudre des problèmes en Théorie des Nombres, Topologie, Physique, etc. Elle a été avancée par le Russe, I. M. Gelfand, dans les années 1930 et reste encore entière. La correspondance entre orbites nilpotentes et représentations a été établie, dès la décennie 1970, par un grand nombre de mathématiciens dont les principaux furent Springer, Barbash, Vogan, Joseph et leurs étudiants. On sait depuis longtemps que le nombre d'orbites nilpotentes complexes est fini. Puisque chaque classe d'orbites nilpotentes complexes se décomposent en un nombre fini de classe d'orbites nilpotentes réelles, on est en droit de conclure que le nombre de ces dernières est aussi fini. Mais ce résultat ne nous dit pas grand-chose sur la nature géométrique ou topologique de ces orbites. La classification algébro-géométrique de Bala et Carter nous fournit plus d'information, car non seulement elle les compte mais aussi, de manière unique, elle associe à chaque classe d'orbites nilpotentes complexes une paire :

(Sous-algèbre de Lévi, Sous-algèbre parabolique).

La mienne associe à chaque classe d'orbites nilpotentes réelles un unique triplet :

(Sous-algèbre de Lévi, Sous-algèbre parabolique, Espace préhomogène).

Il est inutile de vous dire que j'ai introduit l'espace préhomogène pour pouvoir contrôler la décomposition d'une classe d'orbites nilpotentes complexes en classes d'orbites nilpotentes réelles.

King se révéla un superbe directeur de thèse. De l'automne 1994 jusqu'au printemps 1996, il m'a, probablement à son insu, soutenu de manière non équivoque durant plusieurs périodes de crise où je faillis tout laisser tomber. J'ai dit « à son insu », parce que je fis de mon mieux pour lui cacher la fragilité de ma psyché. Dans ce petit jeu quelques fois meurtrier, il faut avoir les nerfs d'acier, la compassion et la faiblesse doivent rester dans l'ombre malgré leur furtive présence. Plongé dans cette jungle humaine, on ne parle pas, on agit. D'abord, on doit rapidement différencier les amis des ennemis, et gérer avec clairvoyance ses intérêts concurrentiels, car l'intersection généralement variable de ces deux groupes est rarement vide. Ensuite, le développement d'un réseau de chercheurs chevronnés s'impose d'emblée. King me mit en contact avec des mathématiciens des meilleures universités tout en prenant soin de leur indiquer les progrès de mes travaux. Ce fut une manière non seulement de vulgariser leur contenu au sein de la communauté et d'obtenir ainsi des lettres de recommandation de la part de très grands mathématiciens dont les mots auraient eu le potentiel de faire courber la balance de mon côté à l'embauche, mais aussi de se faire des témoins de renommée internationale au cas où quelqu'un d'autre aurait essayé d'usurper mes résultats.

La recherche mathématique est, avant tout, une activité à caractère social et culturel. Il y a des mathématiques françaises, allemandes, russes, américaines etc. Elles s'identifient par leur saveur de terroir, pour ainsi dire. Cet état de fait peut, dans certains cas, entraver la carrière d'un mathématicien appartenant à un groupe social persécuté. Un grand nombre de mathématiciens noirs-américains en ont souffert. Prenons l'exemple de David H. Blackwell (24 avril 1919 – 8 juillet 2010), un brillant statisticien qui décrocha son doctorat en 1941 à l'Université d'Illinois. Il n'avait que 22 ans. Il lui prit 14 ans pour trouver un poste de professeur à la hauteur de sa capacité de grand chercheur, à l'université de la Californie à Berkeley. Et bien figurez-vous que le directeur du département, Griffith C. Evans, avait voulu l'embaucher en 1942, mais n'avait pas pu le faire parce que sa femme n'était pas prête à voir un « darkie » chez elle. Par ailleurs, je suis persuadé que celui-ci aurait été parfaitement heureux de manquer toute invitation provenant de cette reine postiche. La recherche savante pâtira de cette lâcheté, je pèse mes mots.

La découverte de nouvelles théories mathématiques n'est pas chose facile, peu importe votre âge, vos talents naturels, vos prouesses techniques, l'environnement intellectuel ambiant ou la bienveillante disposition de votre directeur. Vous êtes, la plupart du temps, seul dans le box des accusés volontaires puisque vous avez choisi, vous-même, d'y entrer. La sombreur des multiples idées égarées et celle des fausses pistes abandonnées se congèlent en noirceur brute dans votre crâne fatigué. Alors, le doute s'installe. Suis-je à la hauteur de cette tâche ? Peut-être, il serait mieux de trouver un champ de recherche plus facile comme l'informatique qui, elle, n'a pas été piétinée et écrasée pendant plus de six mille ans, de sorte qu'il y reste encore quelques miettes récupérables au microscope. Certains, certes, choisiront ce nouvel eldorado. Mais nous savons très bien que dans la majorité des cas « resistance is futile you will be assimilated » et que comme Kafka, parlant de Prague, « elle ne nous lâchera pas, la petite mère a des griffes. » Le rôle principal du directeur de thèse est donc de vous empêcher de vous engouffrer dans des directions divergentes du but originel.

David H. Blackwell, Credit: The Bancroft Library, UC Berkeley Library

Durant cette période, on se rencontrait une fois par semaine pour discuter de mes progrès, définir des stratégies d'avancement, réexaminer mes acquis, établir une liste d'individus susceptibles de savoir si un résultat était déjà connu ou si je devais l'établir moi-même. En plus, David Vogan était toujours à ma disposition à MIT, une ressource clé qui allait jouer un rôle pivotal dans ma carrière de chercheur. Ainsi, contre neige, vents et marées, je faisais la navette hebdomadaire entre Northeastern et MIT jusqu'à ce jour de printemps 1996 quand King me confia une liste de questions à étudier m'instruisant de le revoir une fois le travail complété. Je compris le message et me retirai pour m'enfermer dans mon bureau pendant six mois au cours desquels je bûchais des heures et des heures jour et nuit. Ce fut l'une des périodes les plus intenses de ma vie intellectuelle. L'apprentissage à la recherche peut être rude pour un insolent aux talents limités manœuvrant quelques techniques bancales, arrachées en urgence dans des fossés ensanglantés où gît son âme meurtrie. Après les fêtes de Noël, je présentai mes résultats à King, chez lui, autour de sa table de cuisine, dans une atmosphère sereine. Ce jour-là, il me demanda formellement de commencer l'écriture de ma thèse.

Si la découverte de nouvelles vérités mathématiques est généralement d'une foudroyante complexité, l'écriture d'une thèse présente ses propres défis quant à leur cheminement au moyen du langage, outil éminemment imprécis pour un travail de chirurgie fine. Contrairement à ceux qui se croient créateurs d'objets mathématiques, je me place, avec conviction, du côté des artistes découvreurs qui, au bout d'un long voyage à l'intérieur d'un trou noir, en sortent lecteurs de quelques mots isolés du Grand Livre de la Nature. Je me suis étendu sur ce sujet dans un discours, contenu en appendice, que j'ai fait au département de langues et de littératures d'Arcadia University en Nouvelle Écosse, sur l'invitation d'un autre Cayen, le professeur Bernard Delpêche. Donc, la thèse invite le lecteur avisé à participer à cette aventure unique de la découverte d'une série d'arguments dont le résultat matériel rend scientifique, c'est-à-dire démocratique, une idée artistique pour ne pas dire aristocratique.

L'autre pente à apprivoiser fut l'écriture elle-même. Auparavant, je rédigeais des réponses d'exercices ou parfois la preuve d'un théorème. Je n'avais, cependant jamais eu à raconter une histoire mathématique dans une langue que je ne maitrisais pas. En plus, il me fallut appréhender l'historicité du problème que je venais de résoudre afin de le contextualiser et l'actualiser dans la littérature. Pressé de traverser la rivière avant le coucher de soleil, je n'emportai que le nécessaire avec moi, autrement dit, je fis ce que j'avais à faire en restant sur un plan de logique pure où je pouvais manipuler intelligemment des symboles abstraits pour arriver à mes fins. Puis on verra.

Vint le temps de voir alors que j'avais les yeux encore fermés. Au cours de cette démarche, je découvris une différence peu évidente, au moins pour moi, entre le temps et la vérité. Il est de coutume de représenter le temps physique par une ligne droite à sens unique, illustrant objectivement le passé, le présent et le futur. Mais la vérité, nécessairement objective selon l'entendement occidental, ne peut, me semble-t-il, s'appréhender dans le temps, du fait qu'elle s'approfondit toujours à travers l'expérience ou plus précisément par la déconstruction généalogique d'expériences vécues. Les psychanalystes, en principe, accepteront cet argument sans aucune réserve. Sa découverte est donc, nécessairement subjective. On meurt avec ses vérités, bien que la fausse modestie chrétienne nous incite à les appeler croyances. On croit connaitre un objet mathématique jusqu'à l'arrivée d'une nouvelle théorie qui le fait luire d'une lumière plus éclatante révélant des aspects complètement inattendus de sa vraie nature qui, si nous avons appris notre leçon, doivent nous emmener à la déchirante conclusion que nous ne le connaitrons jamais. La vérité de cet objet résidera pour toujours au-delà de la portée des théories scientifiques. Les grands philosophes qui ont créé le christianisme, arc-boutés aux flancs de la montagne stoïcienne, l'avaient d'ailleurs appris des Égyptiens qui eux-mêmes l'avaient puisé, aux temps immémoriaux, de l'animisme africain. Alors, la vérité, définie comme une série infinie de retours au passé, rejoint la pensée bouddhiste. Dans un sens mathématique, elle est circulaire, c'est-à-dire une sorte de compactification du temps physique.

Je fournis une première version de la thèse à King à la fin du mois de janvier. Consécutivement aux usuelles discussions et à trois autres versions, il me permit de l'envoyer aux membres du jury, les professeurs Anthony Iarrobino, Venkatraman Lakshmibai et David Vogan (MIT). La soutenance de thèse fut programmée pour le 6 mars 1997. Elle se déroula sans heurt devant une audience de professeurs, d'étudiants, de deux abuseuses de tige, d'un petit nombre de jaloux et de quelques amis personnels. Après une heure de délibération, le jury accepta la thèse et on m'invita de nouveau à la salle pour me déclarer Philosophiæ doctor, abrégé PhD, sanction de mon travail de recherche original en mathématique. Une bonne bouteille de Veuve Clicquot arrosa la fin de l'heureux évènement. Je marchai sur les nuages durant les jours suivants.

L'euphorie suscitée par le travail intellectuel me protégea contre les vagues dépressives qui m'assaillaient deux ans plus tôt. Mais elles me guettaient encore. Quelques semaines après ma soutenance, je fus secoué par une bourrasque de sentiments négatifs aux effets débilitants. Il n'était plus possible de postuler à un poste de post-doc, de chercheur ou de professeur d'université pour l'année à venir. Ces sélections sont faites en privilégiant les meilleurs candidats au cours du mois d'avril. N'ayant pas cru que je pusse finir la thèse avant le mois de septembre 1997, je négligeai de chercher un emploi académique. En outre, j'étais soumis à des contraintes géographiques qui limitaient toute ma recherche d'emploi seulement à trois états contigus, le New Hampshire, le Massachusetts et le Rhode Island.

La queue entre les jambes, je me retournai vers l'industrie. La compagnie, Peritus Software Inc. de Bilberica, petite ville au nord de Massachusetts, m'employa comme ingénieur de recherche en juin 1997, avec un salaire annuel de 72.000 dollars et des promesses de bonus qui pouvaient le faire grimper jusqu'à 90.000. Mon travail consistait à développer des algorithmes pour résoudre des problèmes concernant le bug de l'an 2000. Il s'agissait, par exemple, de permettre à l'utilisateur de faire la différence entre 1/1/1900 et 1/1/2000, puisque par souci économique et à cause d'une sévère pénurie de matériel de stockage électronique, les programmeurs de presque tous les langages avaient stocké une telle date sous la forme ambigüe de 1/1/00, pendant un demi-siècle. On s'intéressait principalement aux vieux programmes écrits entre 1950 et 1997 en Fortran, Cobol et RPG, un boomerang qui me renvoyait au Control Data Institute quatorze ans plus tôt.

Je faisais partie d'un groupe de recherche responsable du développement de prototypes de solutions qui donnaient une marche à suivre aux ingénieurs de terrain. De temps en temps, il y avait des engueulades entres les docteurs de mon groupe et les autres développeurs mortifiés par nos comportements de princes déchus. La direction de la compagnie, ayant compris notre importance, toléra nos excentricités et s'avisa de nous construire un beau petit campus à Nashua au sud de New-Hampshire. Séparés, nous y passions notre temps à faire de la recherche pure sur des questions d'automation de vérification de programmes selon une théorie d'Edsger Wybe Dijkstra. Mais, Peritus se retrouva en difficulté financière quelques mois plus tard, on nous ramena à Bilberica. Moi, je souffrais tout le temps, l'environnement académique me manquait.

A la fin de ma thèse, plusieurs doctorants, américains, chinois, taiwanais, égyptiens, allemands, autrichiens, vénézuéliens, reçurent des offres d'emploi de la part de leur pays d'origine, tandis que mes démarches auprès des autorités haïtiennes restèrent sans suite. Alors, je pris la décision de me naturaliser après avoir vécu quinze ans aux États-Unis. Le passeport haïtien entrave les mouvements d'un chercheur obligé de maximiser sa capacité de sillonner, à son aise, les grands centres de travaux mathématiques contemporains du monde. La recherche universitaire est, de nos jours, une entreprise collective à caractère international. La seule invariance est celle-ci : « Je suis de sang et de culture haïtiens. »

En avril 1998, un appel téléphonique d'un ami concernant une annonce d'un poste d'Assistant-Professor à l'Université de Massachusetts à Boston (UmassBoston) me fit voir une alléchante possibilité vu ma réticence à m'éloigner de la ville. Le lendemain, j'envoyai mon curriculum vitae au comité d'embauche et sollicitai des lettres de recommandation auprès des professeurs King, Vogan et Iarrobino. Quelques jours plus tard, le directeur du département, Ethan Bolker, me contacta pour m'inviter à passer une interview. Il était convenu que je parlerais de ma recherche, de ma philosophie d'enseignement et de mes projets professionnels. L'interview se déroula assez bien. Au bout de quelques semaines, Bolker m'informa qu'ils ont choisi quelqu'un d'autre, mais qu'il pouvait quand même m'offrir quelque chose en temps partiel d'abord et qu'ensuite le poste deviendrait plus stable une fois les fonds obtenus. Je ne compris rien à ce petit discours qui ne tenait pas debout. D'abord un tel poste est toujours à temps plein, ensuite un docteur est généralement traité avec un peu plus de respect. Alors, je lui posai la question suivante : « Est-ce que c'est un poste tenure track ? » Il me répondit - « oui, le salaire est de 43.000 dollars » -, que je pouvais en espérer la moitié pour la première année et qu'il comprendrait mon refus d'accepter un emploi dans de pareilles conditions. A son grand étonnement, je lui dis que j'étais très heureux de travailler à son université dans les conditions exposées et que je signerais le contrat à sa convenance. Un e-mail en fin de semaine m'indiqua que des fonds nécessaires avaient été trouvés pour financer mon poste à plein temps. Cette inexplicable épisode, croyez-le-moi, laisse un très mauvais goût au bec.

Dans les universités de recherche américaines, *l'Assistant Professor* est le premier grade du corps professoral, suivi respectivement de *l'Associate Professor* et du *Full Professor*. L'*Assistant Professor* doit prouver aux membres de son département qu'il est capable de développer un programme de recherche reconnu au niveau mondial en publiant des articles dans des journaux légitimes, de bien enseigner un certain nombre de cours, d'accompagner les étudiants dans leur apprentissage et de participer à diverses tâches administratives au sein de l'université. Si tout se passe bien, il est promu au grade d'*Associate Professor* avec tenure, c'est-à-dire qu'il est désormais un membre permanent du département, sinon, il doit plier bagages dans un délai d'un an. Cette cruelle procédure brise des vies. Beaucoup restent *Associate Professor* jusqu'à la fin de leur carrière. Les plus ambitieux et certainement les plus doués continuent leurs travaux de recherche à portée internationale et deviendront *Full Professor* à la suite d'une évaluation étendue et détaillée, après six ou sept ans. Ainsi, la jeune personne qui commence comme *Assistant Professor* entre 29 et 33 ans, potentiellement deviendrait *Full Professor* aux environs de la cinquantaine. Notez bien qu'il y aura toujours des exceptions à cette analyse basée sur la moyenne générale des parcours académiques aux États-Unis d'Amérique et au Canada. Pourquoi, vous demandez-vous, un homme, déjà dans la quarantaine, à l'esprit troublé, se hasarderait-il dans une si folle aventure ? Avant de vous répondre, permettez-moi, d'abord, de vous parler d'un spécifique trait de caractère d'Ulysse de l'Odyssée d'Homère.

Le rusé Ulysse feignant d'être fou est ridiculisé par Palamède pour qu'il rejoigne la coalition pour prendre Troie. Il est contraint de quitter son palais d'Ithaque où réside sa femme, Pénélope, et son fils unique, Télémaque, qu'il reverra après vingt ans. Arrivé sur l'île de la Nymphe Calypso qui tombe follement amoureuse de lui, Ulysse se retrouve dans une prison dorée. Elle veut le garder à tout prix et en faire son mari, le rendant ainsi immortel. Cependant Ulysse, stoïcien, sachant que sa place dans le cosmos est auprès de Pénélope et de Télémaque, rejette l'immortalité. Il tente de s'enfuir vers son Oikos, son lieu naturel. Après sept ans de chagrin, dans la grotte de Calypso, Zeus envoie Hermès le libérer. Avec tristesse elle le voit partir.

Eh bien, ma réponse est à la fois simple et percutante : à l'instar d'Ulysse, j'étais à la recherche de mon Oikos. J'étais donc disposé à travailler dans des conditions indignes pour le quart du salaire que je gagnais, parce que l'environnement académique dénué de superviseurs et d'autres formes d'assujettissement me convenait mieux que tout autre type d'ambiance de travail. Je veux juste qu'on me foute la paix !

En juillet, mon manager, Johnson Hart, docteur de Princeton, homme de grande qualité morale et intellectuelle, organisa un lunch d'adieu en mon honneur. Quelques jours plus tard, Kattia et moi dinions avec lui et sa femme dans un joli petit restaurant à Cambridge. Dans l'intervalle, je reçus mon nouveau passeport américain à temps pour assister sans difficulté à quelques conférences à l'étranger. Le premier septembre 1998, je me rendis à Umass Boston pour amorcer ma carrière académique connaissant très bien que mes marges de manœuvre étaient aussi faibles que possible, vu que je n'espérais pas grand-chose au-delà du strict nécessaire.

Les deux premières années passèrent sans trop de contrariété. J'enseignais six heures par semaine et m'adonnais à mes recherches. David Vogan m'invita à passer l'année académique 2000-2001 à MIT en tant que Martin Luther King Assistant Professor, et je voyageai beaucoup en Europe et en

Asie. En 2005, je fus promu Associate Professor avec tenure. L'année suivante, Wilfried Schmid me fit visiter Harvard pendant six mois, et je retournai à MIT pour travailler sur un projet international sous la direction de David Vogan pendant un an et demi. Un jeune mathématicien, Steven Glenn Jackson, venu de Yale University, fut embauché au département en 2003. Peu de temps après, nous entamâmes un programme de recherche qui perdure toujours. En 2010, je devins Full Professor à 54 ans.

L'auteur dans son bureau à l'Université de Massachusetts Boston, le 3 septembre 2020
Photographie : Frédérika Vilicia Noël

Avant l'arrivée de Steven, je ne pus discuter de mes travaux avec les membres du département. Ils s'étaient presque tous convertis en informaticiens. Je fus l'un des deux mathématiciens engagés pour la première fois depuis quarante ans. C'était un département de seniors fatigués comme je le suis maintenant. La solitude y régnait en maître. Ce fut à ce moment que je fis la rencontre d'un Haïtien détenteur d'une maitrise en mathématique d'une université européenne. Malheureusement, il dérapait dans le vide. Il sera devenu le narrateur de ma « Descente vers l'absurde » que vous trouverez en appendice. Ce n'était pas un ami. En fait, il se croyait supérieur à moi et digérait mal mon accession au poste d'Assistant Professor. Comme tous les aigris, il souffrait. Je n'ai pas soulagé sa peine. Je l'ai plutôt censuré. Oui, je sais, tout cela n'est pas trop reluisant.

Ma participation, sous l'influence de King, à la CAARMS2, la seconde Conférence des Chercheurs Afro-Américains dans les Sciences Mathématiques, en été 1996, fut un évènement marquant dans mon parcours professionnel. Elle fut organisée par le docteur William Massey, un black de Stanford University, qui, à l'époque, travaillait au fameux Bell Laboratories. Il est Full Professor à Princeton depuis à peu près une vingtaine d'années. A son invitation, j'ai eu plusieurs opportunités de présenter les résultats de mes travaux dans des endroits prestigieux, comme L'Institut des Études Avancées de Princeton par exemple. Edray Goins, un autre mathématicien noir américain de Stanford a, lui aussi, soutenu ma carrière dans les années 2000. Le mathématicien congolais, Mboyo Esole, demeure un proche collaborateur. J'ai co-dirigé la thèse doctorale de l'informaticien camerounais Paul Fomenky. Durant ma dernière année à Northeastern, des ingénieurs haïtiens et moi fondâmes la Haitian Scientific Society (HSS). La Société continue ses séminaires scientifiques et son programme d'enseignement aux étudiants du secondaire. Dans l'intervalle de quatre ans, j'ai publié deux livres d'analyse mathématique du premier cycle universitaire en Créole Haïtien aux Presses Internationales GRAHN-MONDE Canada. Depuis 2016, je dirige le Centre de Recherches Mathématiques de L'Institut des Sciences, des Technologies et des Études Avancées d'Haïti. Mes recherches mathématiques persistent. Compte tenu de la main de poker que j'ai reçue le 15 juillet 1956, je crois avoir bien bluffé.

Groupe de travail
Institute of Advanced Studies
Princeton New-Jersey
Été 2019

Paul Fomenky, Jamol Pender, Emmanuel Ekwedike, Robert Hampshire
Alfred Noël, William Massey

Conférence Internationale

CBMS 2012: Unitary Representations of Reductive Groups

University of Massachusetts Boston
July 16 - 20, 2012

Principal Lecturer: <u>David Vogan</u> (Massachusetts Institute of Technology)
Organiser: <u>Alfred G. Noël</u> (University of Massachusetts Boston)

UNIVERSITY OF MASSACHUSETTS BOSTON

CBMS 2012:
Unitary Representations of Reductive Groups
July 16 - 20, 2012

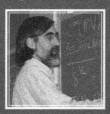

Principal Lecturer:
David Vogan
Massachusetts Institute of Technology

Organizer:
Alfred G. Noël
University of Massachusetts Boston

Additional Speakers

Dan Barbasch (Cornell University)
Leticia Barchini (Oklahoma State University)
Terrence Blackman (Medgar Evers College)
Steven Jackson (University of Massachusetts Boston)
Donald King (Northeastern University)
Cathy Kriloff (Idaho State University)

Marc van Leeuwen (Université de Poitiers, France)
William Monty McGovern (University of Washington)
Kyo Nishiyama (Aoyama Gakuin University, Japan)
Annegret Paul (Western Michigan University)
Eric Sommers (University of Massachusetts Amherst)
Floyd Williams (University of Massachusetts Amherst)

For additional Information contact:

Interested matematicians and graduate students should contact Alfred Noël and Maureen Title at the addresses below.
Please include or attach a recent curriculum vitae and a statement of purpose. This conference is sponsored by the
National Science Foundation and we encourage members of the underrepresented groups to apply.

www.math.umb.edu/~anoel/cbms/

617.287.6458 - Alfred Noël
617.287.6442 - Maureen Title
617.287.6433 - FAX

Department of Mathematics
University of Massachusetts at Boston
100 Morrissey Blvd.
Boston, MA 02125-3393

Alfred.Noel@umb.edu
Maureen.Title@umb.edu

APPENDICE

Coup de Projecteur sur le mathématicien Robert Langlands

Alfred Noël
University of Massachusetts Boston

Discours prononcé au
Département de langues et de littératures de
Arcadia University (Nova Scotia, Canada)
KCIC Auditorium
13 Février 2020 à 18 heures

Robert Langlands en 1967
Photo credit: Institute of Advanced Studies

Résumé: Dans une lettre adressée au mathématicien français, André Weil, en Janvier 1967, le mathématicien canadien, Robert Langlands, a esquissé un programme de recherche visant à répondre à certaines questions fondamentales qui nous préoccupent encore. Cette lettre est d'une grande importance historique et continue d'orienter la recherche mathématique. Je propose d'en discuter les multiples retombées scientifiques, philosophiques et sociales.

******

Bonjour et Merci au Professeur Bernard Delpêche de m'avoir invité. Je suis très heureux d'être parmi vous, et de pouvoir m'exprimer en français, belle langue que je ne parle plus couramment depuis bientôt quarante ans, en fait depuis que j'ai quitté Haïti pour rejoindre ma mère à Boston dans le Massachusetts où l'anglais dominait et domine toujours bien que l'espagnol, dû à la présence d'un grand nombre d'Hispaniques, ait commencé à s'établir d'emblée comme deuxième langue parlée et écrite.

Dans cette brève présentation, je me propose de vous parler de l'œuvre de Robert Langlands, célèbre mathématicien canadien né à New Westminster en Colombie Britannique le 6 octobre 1936. Il est récipiendaire de nombreux prix très prestigieux, parmi eux: Prix Jeffery-Willians (1980),

Prix Cole (1982), Prix Wolf (1995-1996), Prix Steele (2005), Prix Nemmers (2006), Prix Shaw (2007), Prix Abel (2018) « pour son programme visionnaire qui relie la théorie des représentations à la théorie des nombres ». Il est membre de la Royal Society, de l'Académie américaine des arts et des sciences, de l'Académie des sciences de Russie, de de l'Académie américaine des sciences et d'autres. Il est titulaire de l'Ordre du Canada, la plus haute distinction civile au Canada. Il est à remarquer qu'il lui manque l'une des récompenses en mathématiques les plus prestigieuses, la médaille Fields, financée et proposée par le mathématicien canadien, John Charles Fields en 1923 lors d'une réunion internationale à Toronto. La médaille Fields dessinée par le médecin et sculpteur canadien R. Tait McKenzie (15.000 dollars canadiens) et le prix Abel, prix Norvégien (821.163,69 dollars américains) sont considérés comme équivalents à un prix Nobel inexistant pour notre discipline. En règle générale, la médaille Fields est attribuée tous les quatre ans depuis 1936 à quatre éminent mathématiciens au plus, et tous de moins de quarante ans. Cette limite d'âge est probablement la raison principale pour laquelle la médaille ne lui fut pas décernée.

Après avoir soutenu sa thèse de doctorat à Yale en 1960, et n'ayant pas pu obtenir un poste de chercheur permanent, il passa un an en Turquie. Pendant, une période d'isolement, il entama un processus de synthétisation de certaines grandes lignes de la pensée mathématique de l'époque, ayant pour objectif la résolution d'importants problèmes qui ont su résister aux assauts constants de milliers de mathématiciens, à travers le monde, pendant des siècles. Ses travaux ont eu un très grand impact mathématique. Voici une liste d'ailleurs très incomplète, de récipients de la médaille Fields dont les travaux s'apparentent à ceux de Langlands et continuent à en discerner la vraie nature :

1. Laurent Lafforgue mathématicien français, né le 6 novembre 1966 à Antony. Il a reçu la médaille Fields en 2002 pour avoir démontré une partie des conjectures de Langlands.
2. Ngô Bảo Châu, né le 28 juin 1972 à Hanoï, est le premier mathématicien vietnamien (naturalisé français au début de l'année 2010[3]) à avoir reçu le Clay Research Award, en 2004. Ses travaux portent sur le programme de Langlands. En 2010, il a reçu la médaille Fields[2].
3. Peter Scholze, né le 11 décembre 1987 à Dresde, est un mathématicien allemand, professeur à l'université rhénane Frédéric-Guillaume de Bonn. Il travaille à l'interface entre théorie des nombres et géométrie algébrique (aussi appelée géométrie arithmétique). Il est lauréat de la Médaille Fields en 2018[1]. Le domaine de recherche de Scholze est la théorie des nombres dans le cadre du programme de Langlands.

4. Akshay Venkatesh (né le 21 novembre 1981) est un mathématicien indo-australien. En 2018, il a reçu la Médaille Fields pour sa synthèse de la théorie analytique des nombres, homogène de la dynamique, de la topologie et de la théorie de la représentation. Son travail est hautement spéculatif et se situe dans le programme de Langlands, un vaste réseau de connexions entre la théorie des nombres, la géométrie et l'analyse.

En 1967, quand il a écrit sa fameuse lettre à André Weil, Langlands était âgé de 31 ans. Son premier article de concert avec Hervé Jacquet, Automorphic forms on GL(2) sur les conjectures énoncées dans la lettre, apparu en 1970. D'autres travaux avec son étudiant, James Arthur, grand mathématicien canadien. ont développer des méthodes beaucoup plus générales pour soutenir sa thèse. Depuis les années 1980, il s'est intéressé à la physique, notamment aux théories conformes des champs. Cependant, la principale conjecture de Langlands est loin d'être démontrée, et il n'est pas recommandable, vu son inimaginable complexité, d'hasarder le paquet.

Langlands n'est pas le premier grand mathématicien à n'avoir pas reçu la Médaille Fields, malgré une très importante contribution scientifique avant la quarantaine. Il est tout à fait justifiable de penser que c'est peut-être le fait qu'il a pris beaucoup de temps aux chercheurs pour trouver des résultats assez profonds pour justifier l'ampleur scientifique et la richesse philosophique de ses idées. Après tout, voici ce que dit le premier paragraphe de la lettre :

"While trying to formulate clearly the question I was asking you before Chern's talk I was led to two more general questions. Your opinion of these questions would be appreciated. I have not had a chance to think over these questions seriously and I would not ask them except as the continuation of a casual conversation. I hope you will treat them with the tolerance they require at this stage. After I have asked them I will comment briefly on their genesis"

Puis il y a aussi cette remarque où Langlands s'excuse :

"After I wrote it I realized there was hardly a statement in it of which I was certain. If you are willing to read it as pure speculation. I would appreciate that; if not -- I am sure you have a wastebasket handy."

Heureusement André Weil n'a pas jeté la lettre à la poubelle, il la fit dactylographier et l'a distribuée à d'autres mathématiciens. C'est ainsi qu'est né le « programme de Langlands».

La lettre de Langlands est un document scientifique écrit dans un langage mathématique opaque extrêmement avancé. En voici le deuxième paragraphe :

"It will take a little discussion but I want to define some Euler products which I will call Artin-Hecke L-series because the Artin L-series, the L-series with Grössencharaktere, and the series introduced by Hecke into the theory of automorphic forms are all special cases of these series. The first question will be of course whether or not these series define meromorphic functions with functional equations. I will say a few words about the functional equation later. The other question I will formulate later. It is a generalization of the question of whether or not abelian L-series are L-series with Grössencharaktere. Since I want to formulate the question for automorphic forms on any reductive group I have to assume that certain results in the reduction theory can be pushed a little further than they have been so far."

Il est donc inutile de tenter d'approfondir un tel jargon ici. Je vais vous donner un exemple élémentaire inadéquat, bien sûr, qui, je l'espère, vous aidera à apprécier la portée philosophique des idées de Langlands.

Le programme ou la correspondance de Langlands est avant tout un tissu de conjectures plus ou moins précises visant à établir des liens assez sophistiqués entre la théorie des nombres et la théorie des représentations des groupes et celle de certaines fonctions appelées formes automorphes. Toute démarche scientifique qui relie des champs a priori très distincts est vu comme porteuse de bonnes nouvelles, parce que d'une part, elle agrandit la communauté des chercheurs polyvalents, et de l'autre elle solidifie la croyance dans l'idée de l'unité des mathématiques, une vieille conception philosophique adoptée par les Grecs et férocement maintenue par un grand nombre de mathématiciens européens à l'instar de Gauss. Cette prétendue unité nous échappe rapidement aujourd'hui cela est dû à l'hyperspécialisation des branches mathématiques modernes. Voici ce qu'a écrit Langlands dans la revue « Pour La SCIENCE » en 1999 :

« Que s'est-il passé d'important en mathématiques au cours des 30 dernières années ? Il est bien difficile de répondre à cette question, tant les mathématiques sont diverses et tant les progrès ont été, dans tous les domaines, nombreux. Cependant, l'un des évènements ayant eu le plus d'échos, dans le milieu scientifique et dans le grand public, est sans conteste la démonstration du théorème de Fermat par le mathématicien anglais Andrew Wiles, en 1994.

En guise de préambule et d'illustration, revenons au théorème de Fermat. Énoncé par Pierre de Fermat vers 1630, ce théorème stipule que, quel que soit l'entier n supérieur ou égal à 3, il n'existe pas d'entiers positifs A, B et C vérifiant l'équation $A^n + B^n = C^n$. Quelle était la stratégie qui a permis de démontrer ce résultat ? Résumons-la à grands traits.

Supposons que le théorème de Fermat soit faux, c'est-à-dire qu'il existe des entiers positifs A, B et C tels que $A^p + B^p = C^p$, où p est un nombre premier supérieur à 3 (on montre facilement qu'il suffit, pour prouver le théorème, de se restreindre aux exposants premiers : 3, 5, 7, 11, 13, 17, etc.). On considère alors l'équation algébrique $y^2 = x(x - A^p)(x + B^p)$; cette équation est celle d'une courbe dite elliptique, dont l'une des propriétés, la ramification, se calcule facilement. Une courbe elliptique définit par ailleurs un objet mathématique abstrait nommé motif. À ce motif, on fait correspondre une « représentation automorphe » ayant la même ramification. Or on démontre assez facilement qu'une telle représentation, de même ramification que la courbe elliptique définie plus haut, n'existe pas. Cette non-existence prouve que l'hypothèse de départ (l'existence d'entiers positifs A, B et C tels que $A^p + B^p = C^p$) est fausse, et établit donc le théorème de Fermat. »

Je noterai qu'Andrew Wiles qui a travaillé pendant sept ans dans son grenier à Princeton New Jersey n'a pas, lui aussi, reçu la médaille Fields, il avait quarante et un ans lors de sa démonstration du théorème de Fermat dont il a été au courant dès 1963, âgé de dix ans.

Il y a couramment des centaines pour ne pas dire des milliers de mathématiciens qui travaillent sur les conjectures de Langlands. On les retrouve dans tous les grands centres de recherche du monde. Presque tous les chercheurs de haut niveau en théorie des nombres travaillent sur certaines questions dérivées du programme.

La théorie des nombres est considérée comme la branche la plus pure de toute l'architectonique mathématique. Leonard Dickson a dit une fois "Thank God that number theory is unsullied by any application." G. H. Hardy a dit plus ou moins la même chose aussi « No one has yet discovered any warlike purpose to be served by the theory of numbers or relativity, and it seems unlikely that anyone will do so for many years. »

Ils se sont trompés. Toutes les transactions bancaires électroniques ne sont possibles que grâce aux algorithmes sécurisants comme le RSA par exemple. La plupart des applications pratiques découlent de la cryptographie et de la cryptanalyse. On trouve aussi des applications dans les domaines suivants :

1. Codes correcteurs d'erreurs (Communications - Téléphonie)

2. Intégration numérique
3. Arithmétique des ordinateurs
4. Génération de nombres aléatoires ou quasi-aléatoires
5. Intelligence Artificielle, apprentissage automatique.

Enfin, j'aimerais dire quelque chose du contenu aristocratique de l'œuvre. On peut ranger les mathématiciens chercheurs en deux catégories, celle des platoniciens et celle des constructivistes. L'intersection de ces deux ensembles n'est pas vide. Cependant, on peut la considérer insignifiante vu qu'il y a beaucoup plus de platoniciens.

« Le platonisme mathématique ou « réalisme en mathématiques » est une théorie épistémologique qui fonde l'objectivité scientifique sur l'existence d'entités mathématiques, nombres, grandeurs, figures géométriques ou structures, comme des êtres autonomes qui ne sont pas des artefacts de l'esprit humain. Ce ne sont pas des abstractions tirées du monde sensible, connues par les sens, ni de pures conventions, ni de simples instruments, mais des êtres jouissant d'une existence propre, comme les Idées de Platon, voire d'une dynamique propre, comme des entités biologiques ou les « effluves » de Plotin. » Autrement dit, l'existence de l'idée de cercle ou de triangle n'a rien à voir avec celle de l'Homme.

On trouve ces idées dans l'enseignement oral de Platon vers 350 avant J. C. dans la Métaphysique d'Aristote.

« Outre l'existence des choses sensibles et des Idées, Platon admet celle des Choses mathématiques [Nombres, Lignes, Surfaces, Solides], qui sont des réalités intermédiaires (Metaxu), différentes, d'une part, des Choses sensibles, en ce qu'elles sont éternelles et immobiles, et, d'autre part, des Idées, en ce qu'elles sont une pluralité d'exemplaires semblables, tandis que l'Idée est en elle-même une réalité une, individuelle et singulière. »

Voici ce qu'en dit Charles Hermite dans sa correspondance avec Stieltjes en janvier 1889 « Je vous ferais bondir, si j'osais vous avouer que je n'admets aucune solution de continuité, aucune coupure entre les mathématiques et la physique, et que les nombres entiers me semblent exister en dehors de nous et en s'imposant avec la même nécessité, la même fatalité que le sodium, le potassium, etc »

Dans Récoltes et semailles d'Alexandre Grothendieck en 1985, on découvre ces mots : « La structure d'une chose n'est nullement une chose que nous puissions «inventer». Nous pouvons seulement la mettre à jour patiemment, humblement en faire connaissance, la « découvrir ». S'il y a inventivité dans ce travail, et s'il nous arrive de faire œuvre de forgeron ou d'infatigable bâtisseur, ce n'est nullement pour « façonner », ou pour « bâtir », des « structures ». Celles-ci ne nous ont nullement attendues pour être, et pour être exactement ce qu'elles sont ! Mais c'est pour exprimer, le plus fidèlement que nous le pouvons, ces choses que nous sommes en train de découvrir et de sonder, et cette structure réticente à se livrer, que nous essayons à tâtons, et par un langage encore balbutiant peut-être, à cerner. »

« Le constructivisme est une philosophie des mathématiques définie par deux composantes. Au plan ontologique, le constructiviste considère les objets mathématiques, non comme existant « par eux-mêmes », mais comme le résultat des constructions mentales du mathématicien. Au plan méthodologique, il insiste sur l'importance des preuves dites « constructives », c'est-à-dire des démonstrations qui, si elles concluent à l'existence d'un objet, donnent une méthode permettant d'en produire effectivement un exemplaire, au lieu de se contenter d'établir que l'inexistence de l'objet conduirait à une contradiction. Le constructivisme est donc une philosophie révisionniste, qui s'attache à réformer les mathématiques classiques en limitant leurs méthodes aux procédés constructifs.»

Je crois que Langlands est plutôt platonicien et que son œuvre est aristocratique au sens du « Grand style de Nietzsche ». D'abord, il est en pleine expansion des forces actives, il impose ses points de vue comme le ferait le peintre, le sculpteur, le chorégraphe, le compositeur, ou tout simplement l'aristocrate grec. Ensuite, il cherche à neutraliser les forces réactives à l'aide de preuves mathématiques pas nécessairement constructives. J'entends par là que si l'on arrive à prouver l'existence d'un quelconque objet, on n'a pas à en exhiber un exemplaire. « La proposition nietzschéenne s'inscrit dans l'ordre de l'harmonisation, du bon compromis entre la négation de ce qui est et l'action à l'origine de la création. » (Jefka) d'après Luc Ferry. Je cite Nietzche :

« *Supposez qu'un homme vive autant dans l'amour des arts plastiques ou de la musique, qu'il est entraîné par l'esprit de la science. Il ne lui reste qu'à faire de lui-même un édifice de culture si vaste qu'il soit possible à ces deux puissances d'y habiter, quoique à des extrémités éloignées, tandis qu'entre elles deux les puissances conciliatrices auront leur domicile pourvu d'une force prédominante pour aplanir en cas de difficulté la lutte qui s'élèverait* » (Humain trop humain)

Finalement, je me sens plus près des constructivistes parce que le schématisme kantien me tient à cœur. Pour moi, un cercle n'est pas seulement une idée universelle comme voudrait nous le faire croire Descartes et les stoïciens, ou une simple croyance selon Hume et Berkeley, mais en fait une praxis, c'est-à-dire un algorithme qui permet à tout un chacun d'en construire une représentation. C'est le passage de l'Idée à l'Action. Je pense que Kant, par le biais de cet argument, posa, une fois pour toutes, les fondements modernes de l'entendement humain. C'était un tour de force historique voire même historial comme aurait dit Heidegger. Merci de votre aimable attention.

Descente Vers L'Absurde
Alfred Gérard Noël[14]

Préambule

Le narrateur est un Haïtien issu de la bourgeoisie, qui s'est retrouvé abandonné aux Etats-Unis, à la suite d'un conflit familial. Il travaille en qualité de veilleur de nuit, bien qu'il ait reçu une formation européenne en mathématiques supérieures. On le soupçonne d'être en situation irrégulière, de boire plus que de raison, de se droguer régulièrement, d'appartenir à une confrérie masculine trop souvent calomniée par le Romain, d'être atteint du sida. Il

---

[14] © Alfred G. Noël, 2017

parle, entre autres langues, un haïtien parfait, le français de chez nous, et un anglais non-académique bostonien. Ce soir-là, il semblait avoir été sorti de son état normal ; d'une voix ondée et saccadée, il renouvela ses diatribes contre celui qu'il appelait « The Man ». Une fois terminé, il entama sa descente. Conjecturer une quelconque maladie mentale ou une dépression nerveuse, serait de mise, et pourrait expliquer la virtuelle discontinuité de ses arguments. Ma préférence serait, plutôt, de chercher la cause existentielle d'une telle envolée, d'échafauder une métaphysique et une attitude d'esprit où elle se transformerait en objet de réflexion. Entendons-nous bien, il y a un fil conducteur dans ce discours d'apparence chaotique.

Descente Vers L'Absurde

Mon métier consiste à redéfinir de vielles définitions. Un travail de mathématicien, si je puis dire. Non, je ne suis pas mathématicien, mais apprenti-jongleur au Cirque de la Vie. Pourquoi une telle profession ? Je vous le dirai plus tard. Peut-être … Ah! Je comprends votre impatience. Voyez-vous, j'ai toujours su captiver les esprits simples: académiciens, professeurs, politiciens, romanciers, infirmières, femmes de ménage, prostitués… Je vous invite à compléter cette liste ou à dresser la vôtre. Non, je ne vous classe pas parmi ces belles âmes. Vous avez plutôt une tête de poète, donc un peu plus près des dieux, et au-dessous de ce monde. Une ex-amie qui « souvent me laissa faire mes quatre voluptés dans ses quartiers de noblesse »[15], me déclara, avec fierté, qu'elle était supérieure aux autres parce qu'elle « portait en elle la communauté de nos souffrances ». C'est possible … J'ai perdu son affection, et pire encore, son respect.

En principe, mes redéfinitions ne devraient apporter aucune solution. Elles ne font que déplacer ou transposer le problème. La vieille Europe, fatiguée de montrer ses dents, a finalement mordu. C'est une opportunité pour aller jeter un coup d'œil au Moyen-Orient, terre habitée d'une

---

[15] Georges Brassens, Trompettes de la renommée

race fière mais croyante. Je conseille une grande prudence au conquérant-diviseur. Good God! Avez-vous remarqué ce qui se passe dans notre propre pâturage, ces derniers mois? Définitivement, l'orange, que ce soit dans un drapeau teutonique ou sur une calebasse vide, est une couleur redoutable.

Il fut un temps où il aurait été dangereux de déposer nos ébènes fesses sur ce banc public. Cette petite concession a été récemment acquise à la sueur et au sang d'une minorité héroïque et martyrisée. Toussaint ? Oui, c'est lui qui a allumé la mèche. Diable! Vous avez vraiment un réflexe de défense tiers-mondiste, vous ! Mendiants intouchables aujourd'hui, féroces guerriers et faiseurs d'histoire hier encore! Il faut savoir vivre à l'ombre des gloires ancestrales! Pour autant que je sache, ton illustre aïeul ne parlait pas un mot d'anglais. Ensuite, je ne veux plus entendre parler d'une certaine guerre du Sud. J'en connais la conclusion, et j'en ai assez de vos débordements médiévaux. Les faits sont clairs. Des Nègres du pays ont collaboré avec certains représentants du capitalisme national, dans le but de stabiliser le marché intérieur par la promesse d'un rêve collectif intenable. La paix à bas prix ! En ce moment-même, je crois déceler, à l'horizon, un certain nombre de signes porteurs d'inquiétude. « Rien que quelques fissures dans le mur », diraient les optimistes.

D'où nous vient-il, ce malin désir d'aller toujours fourrer le nez dans les affaires des autres ? C'est, peut-être, l'une de nos affinités gasconnes; tout ce qui nous reste après avoir fait couler le sang créole du nord au sud. Surtout au Sud. Cher ami, permettez-moi de vous dire qu'à la lumière de sombres évidences, nous sommes de tragiques créatures adorant une langue dans laquelle nous ne savons ni jouir, ni jurer, donc condamnés à singer.

Une ancienne maîtresse, d'ailleurs très francisée, atteinte d'une maladie de la peau, voulut me convaincre de l'ampleur topologique du mal en me montrant ses beaux seins épargnés. Au cours de ma méthodique inspection, elle m'avisa de freiner mes élans en gargouillant « Pa vin leve m sou nich mwen ». Un cri séditieux !

N'ai-je pas lu quelque part, qu'un malheureux prisonnier des régimes duvaliéristes, s'était violemment épris de la diction parfaite du tortionnaire, déclamateur de vers lamartiniens, qui lui éteignait des cigarettes à la figure au moment-même où il ordonna à un bourreau de lui arracher les ongles ? Curieuse méthode d'évasion... Pour les deux. C'est dans ce soutien mutuel qu'on découvre la franche simplicité de leur vraie nature.

Un intellectuel de ma connaissance, dont la femme enfanta tard, exaspéré d'avoir été foutu à la porte quelques mois après l'accouchement, me hurla « Se tafya a!». Mais au moment de la conception, il avait plané. À sa place, je me serais arrêté là ; après une tâche bien accomplie, et par souci de conserver tout ce qu'il y a de beau dans ce désastre. Mais, c'est, après tout, un homme, et un intellectuel en plus, d'où ce profond besoin de s'expliquer. Franchement, les esprits cartésiens m'inquiètent. Pendant que j'y suis, agacé par ma découverte d'une erreur irréparable dans ses calculs, cet ingénieur riposta férocement en criant « Mwen pa bezwen sa a » Bien sûr ! Alors pourquoi nous a-t-il fait chier pendant aussi longtemps ?

Quoiqu'il en soit, nous voici sur le banc jadis interdit, contemplant un interminable défilé de mollets, à la lueur de ce beau crépuscule estival. La chute commencera en novembre. Jacques Brel, à la suite d'un diagnostique de cancer, dit qu'il aimerait « se sentir quelque peu romain, mais au temps de la décadence ». Nous sommes, mon cher compatriote, au temps de la décadence.

Installé dans ce quartier magique, après cinq cents ans de servitude dont la séquelle nous bouscule encore, j'ai conduit avec acharnement mes propres enquêtes psycho-anthropologiques. Non, aucun diplôme dans ce domaine ! Par contre, j'ai pu recueillir quelques éléments d'information qui m'aideront à mieux comprendre mes concitoyens adoptifs. Ici, les remplaçants et « arracheurs »[16] d'autochtones, marchent en ligne, posant aveuglément l'ultime question existentielle « What do you do ? ». Mes réponses varient selon les circonstances. Metteur en scène, espion, ingénieur, souteneur, journaliste, musicien, poète et cetera. Il faut dire que j'ai dû regretter la dernière appartenance. Se faire passer pour un prêtre défroqué, vous absout de tout, sauf de la pédophilie masculine homosexuelle. Après tout, Dieu, lui-même, a échoué. Ce qui fait de vous, un cas tout-à-fait particulier.

Dans ce pays, les ouvreurs de portes, arrachés en urgence entre 1712 et 1968, ont laissé derrière eux, un vaste chantier en construction permanente. Il revint à leurs successeurs de prendre la relève pour pouvoir instruire les générations futures des techniques de la dissidence calculée, et de celles de la désobéissance passive. Ce qu'ils ont, d'ailleurs, essayé de faire tant bien que mal. Beaucoup d'entre eux ont commencé, je ne sais pas combien qui s'y sont tenus. Les nôtres ont suivi la pente logique de leurs nobles inspirations jusqu'au premier janvier 1804. Après, c'est la fuite en avant. Naje pou soti. Certes, les circonstances étaient différentes. Et alors ?

---

[16] Homme qui arrache en langue vernaculaire

Écoutez, il va falloir faire un tout petit effort pour saisir l'évanescente transcendance de mon discours. Après tout, j'utilise un langage assez concret. Ensuite, vous devriez être doté d'une certaine culture générale, ayant grandi dans cette ville littéraire du sud-ouest. Croyez-moi, mes collègues-animaux ne figurant pas sur la liste, je parle beaucoup mieux au Cirque. Au début de notre conversation, j'ai mentionné un quelconque travail de mathématicien. Parlons, plutôt, d'une certaine similarité avec ce que font les balayeurs de rues, ou les ramasseurs de poubelles, dans nos grandes villes métropolitaines. Il s'agit, en effet, d'un interminable gigantesque nettoyage. Un peu comme Sisyphe et son rocher.

Le grand brun, que vous voyez là-bas, gesticulant comme un César nègre, n'est pas aussi redoutable qu'il paraît. Je l'ai su à la suite d'une histoire de sexe. Vous riez ? Non, ce n'est pas ce vous pensez. Je couchais avec sa femme, il y a cinq ans ; une cure d'ennui, et un manque d'assurance. Un soir, au gymnasium, il ramassa par terre, avec sa coutumière nonchalance, une photo tombée de la poche de mon pull-over, réalisa que c'était celle de sa fille, une révoltée appelée Max, et entra dans une colère noire jurant de me tuer par « any means necessary ». Il se calma, quand je lui expliquai que c'était, en fait, une photo de sa femme, prise lorsqu'on était tous les trois au collège, et que je voulus la lui montrer pour célébrer le bon vieux temps. Ouf ! J'ai eu chaud ! Comment arrive-t-on à ne pas pouvoir différencier entre sa femme et sa fille ? Eh bien, peut-être que lui aussi, préféra s'arrêter au début d'un désastre. Il s'est remarié l'année dernière. Sa nouvelle épouse est une Africaine fortement excisée, satisfaisant pleinement à son besoin d'indifférence.

Au risque d'être inopportun, êtes-vous marié? Parfois ! Hahaha … Judicieuse réponse ! Max? Clairement, vous avez du flair ! Puisque vous y tenez, elle me visita le soir même, et paya, courageusement, dans une étreinte contraignante et douloureuse. Mes forces étaient revenues. Ce fut l'un de ces moments où la peur et le courage se confondirent pour sauver l'honneur. Les héros et les fous en savent quelque chose ; c'est pourquoi ils meurent heureux.

Autrefois, on peuplait la planète par le biais d'un désordre incendiaire, salvateur, et générateur. Nous sommes, hélas, devenus trop civilisés pour nous y livrer à fond. Le temps nous manque ; les risques s'accroissent. Donc, une poupée japonaise qu'on gonfle à sa guise, et qui, Dieu merci, ne répond pas. Si c'est trop cher, alors les pattes ! A man gotta do what a man gotta do ! Whaddya gonna do ?

-Avoir la tête coincée entre deux seins vibrants, pendant que leur délirante propriétaire expire dans un cri d'abandon total-, illumine l'existence, transcende les vérités bibliques, efface l'embarras métaphysique, fait taire les rires, et surtout, détermine une possibilité de bonheur. Un bonheur très éphémère, bien sûr. Un bonheur négatif ? Qu'est-ce que vous racontez ? C'est de la foutaise philosophique ! Permettez-moi de continuer sans répondre. En règle générale, « on prend une femme pour ce qu'elle n'est pas, et on la laisse pour ce qu'elle est». Ai-je lu cela, ou l'ai-je pensé ? Passons … Le vrai bonheur, vous conviendrez avec moi, réclame, avant tout, le suicide philosophique. Moi, qui n'ai pas de l'étoffe, je me retrouve quelque part au voisinage du cynisme. Ceux de mes amis, qui n'ont pas le courage d'en accepter la rigide subversion, se déclarent stoïques, ou chrétiens. Comme ça, ils pourront dormir tranquillement. C'est facile d'adhérer aux principes d'une philosophie hypnotique. Les rails existent déjà. On n'a qu'à rouler.

Vous sourcillez ? Allons, le jeune philosophe juif que vous admirez tant, le laveur de pieds, lui aussi, tâtait un peu. L'homme-Dieu avait, comme nous, des problèmes de femme et d'argent. D'accord, il trichait de temps en temps … Pour calmer les ardeurs de la sœur de Lazare, par exemple. C'est toujours difficile de résister à une femme nue ou malheureuse. Il multiplia pains et poissons exponentiellement, et faisait des jeux de mots : « Tu es Pierre, et sur cette pierre je bâtirai mon église ». Il semblait aussi avoir eu un penchant spécial pour celles qui s'appelaient Marie, nom très commun en son temps, apparemment. Certains disent qu'il était à la quête d'une classe d'équivalence ; d'autres pensent que c'était une manière de renverser le résultat de quelques miracles, de transfigurer l'infini sous les rayons du fini et lui donner un sens humain. Freud, le libidineux, y chercherait, plutôt, un dénominateur commun. Mon esprit, perverti, irait certainement plus loin.

Léonard de Vinci, dans son « Dernier Repas » ou « La Cène », plaçait un personnage équivoque à la droite du Sauveur. Regardez à gauche. Dites-moi, Marie-Madeleine ou Jean ? Nietzche, un fou qui habitait tout près de chez moi, aimait parcourir la rue en balbutiant « Kiyes ki manje kiyes ? ». Très bonne question ... Qui mange le corps de qui ? Comment comprendre tout cela ? Eh bien, plotinisez, mon cher ami ! Judas, planté à côté de Pierre, dégustait le spectacle dans un calme relatif. Il n'avait pas faim. Ses pensées le pesaient, assurément. What was on his mind ? How do I know man, I wasn't there ! En fin de compte, je juge que sa trahison nous coûte trop cher ; conjuguée au péché originel, elle nous assomme quotidiennement.

Oh shoot ! C'est déjà minuit ! Désolé, on parlera de l'apprenti-jongleur si vous passez par ici aux environs de midi. J'ai les pieds froids, aussi. Il va falloir rentrer. Pour dormir ? Non, à ces heures-ci, je m'embusque et guette. Essayez ! ... Loup-garou.

184 PASSAGES

Alfred Gérard Nœl

ANALIZ MATEMATIK

TÒM I

ANALIZ MATEMATIK

TÒM II

Alfred Gérard Noël

Alfred Noël te resevwa yon doktora (PhD) nan Matematik nan Northeastern University, Boston Massachusetts Ozetazini, an 1997. Li se yon Pwofesè ak Chèchè k ap travay nan University of Massachusetts Boston depi an 1998. Travay rechèch li se sitou nan Teyori Reprezantasyon Gwoup. Anvan sa, li te travay tankou Enjenyè Lojisyèl nan antrepriz endistryèl pandan witan. Ant 1984 ak 1998, li te anseye Matematik ak Enfòmatik nan Northeastern University. Anplis, li te pase plizyè ane ap fè rechèch nan Massachusetts Institute of Technology (MIT), epi li te yon chèchè nan depatman Matematik Harvard University a pandan sis mwa an 2006. Alèkile, li se direktè Sant Rechèch Matematik ISTEAH a, epi li fè kou nan Enstiti an tou. An 1996, li menm ak kèk lòt kòlèg te fòme Sosyete Syantifik Ayisyèn lan (Haitian Scientific Society, HSS).

ARBRE GÉNÉALOGIQUE MATHÉMATIQUE PARTIEL

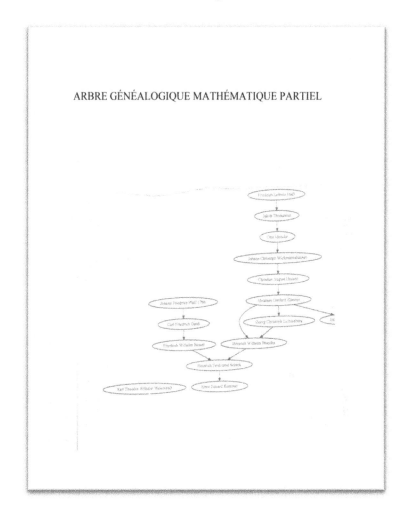

188 PASSAGES

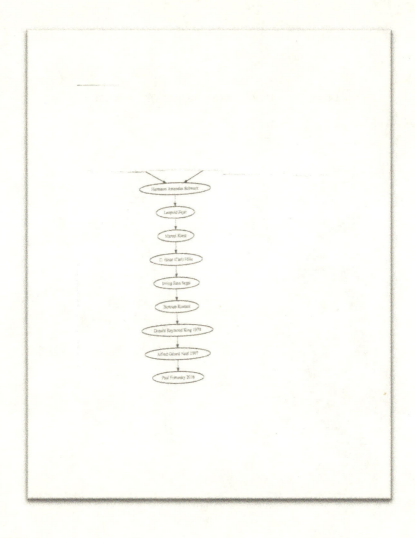

8/7/94

Dear Alfred,

I wanted to summarize my suggestions for the letters that I want you to write. Here are the main questions that you should ask about:

(1) extending the Bala-Carter theory to $K_{\mathbb{Q}}$ nilpotent orbits in $\mathfrak{p}_{\mathbb{C}}$;

(2) determining the closure relations among $K_{\mathbb{Q}}$ nilpotent orbits in $\mathfrak{p}_{\mathbb{C}}$, when $\mathfrak{g}$ is an exceptional simple real Lie algebra;

(3) does the Sekiguchi correspondence preserve closure relations when $\mathfrak{g}$ is exceptional simple and real (the classical case has been handled by Ohta)?;

(4) what are the admissible nilpotent orbits when $\mathfrak{g}$ is exceptional simple and real (Ohta has dealt with the classical case);

I suggest that you direct question (1) to Roger Carter. You should write

Ohta about questions (2), (3) and (4). In addition, I believe that you should write Sekiguchi about questions (2) + (3). Here is the latest address I have for Ohta:

    Takuya Ohta
    Department of Mathematics
    Tokyo Denki University
    Kanda-nishiki-cho, Chiyoda-Ku
    Tokyo 101, Japan

Don

Northeastern University
College of Arts and Sciences
Department of Mathematics

9/14/1999

Prof. Roger W. Carter
Mathematics Institute
University of Warwick
Coventry CV4 7AL
ENGLAND

Dear Prof. Carter,

I am a graduate student working with Professor Donald King at Northeastern University. We are currently in the process of selecting a problem for my dissertation.

Professor King suggested that I write to you and ask about the status of the following question:

Has the Bala-Carter Theory been extended to F_4 nilpotent orbits in P_6?

In particular, I would like to know of what problem is being actively pursued.

617 Lake Hall
Northeastern University
Boston, Massachusetts 02115
617-373-4580 (office), 617-373-5658 (fax)

25 AUG '94 12:58 FROM MATHS INSTITUTE UNWKS PAGE.001

UNIVERSITY OF WARWICK
COVENTRY CV4 7AL

MATHEMATICS INSTITUTE

Alfred G. Noel
567 Lake Hall,
Northeastern University,
Boston MA

Fax 617-373-5658

Dear Mr. Noel,

Thank you for your message. As far as I know the Bala-Carter theory of nilpotent orbits has not been extended to the case of K-nilpotent orbits on p.

I think this would be worth investigating, and wish you every success with it.

Yours sincerely,
Roger Carter.

** TOTAL PAGE.001 **

Northeastern University
College of Arts and Sciences
Department of Mathematics

April 7 1997

Prof. Roger W. Carter
MATHEMATICS INSTITUTE
UNIVERSITY OF WARWICK
Coventry C49AL
ENGLAND

Dear Prof. Carter,

    Two years ago, I wrote to you and asked about the question of extending the Bala-Carter theory to real orbits in reductive complex Lie algebras. You told me that it would be worth investigating. I am glad to present to you this abstract of my work on the subject. A preprint will be mailed to you later.

                           Regards
                           Alfred Noël

194 PASSAGES

 Northeastern University

College of Arts and Sciences
Department of Mathematics

August 24th, 1994

Professor Takaya Ohta
Department of Mathematics
Tokyo, Denki University
Kanda-nishiki-cho, Chiyoda-ku
Tokyo 101, Japan

Dear Prof. Ohta,

I am a graduate student working with professor Donald King at Northeastern University. We are currently in the process of selecting a problem for my dissertation.

Professor King suggested that I write to you and ask about the status of some of these problems and, in particular, I would like to know if these problems are being actively pursued.

The problems are about :

1) Let g be a complex reductive Lie algebra and let g' be a real form of g. If $g' = k' + p'$ is a Cartan decomposition of g' then $g = k + p$ is the linear direct sum obtained by complexifying t' and p'. Let G be the adjoint group of g and let K be the subgroup of G corresponding to k. Determine the closure relations among K nilpotent orbits in p, when g' is an exceptional, simple, real Lie algebra.

2) determining wether or not the Sekiguchi correspondence preserves closure relations when g' is an exceptional, simple, real Lie algebra.

3) determining the admissible nilpotent orbits when g' is an exceptional, simple, real Lie algebra. This may be considered as an extension of your 1991 paper entitled " Classification of Admissible Nilpotent Orbits in the Classical Real Lie Algebras " Journal of Algebra 136 (240 - 253)

Any advice would be greatly appreciated.

Sincerely yours

Alfred G. Noel

567 Lake Hall
Northeastern University
Boston, Massachusetts 02116
617-373-2450 (office), 617-373-5658 (fax)

Dear Mr. Noel,

Thank you very much for your letter. I'd like to answer your questions as far as I know about them.

I have not heard that the classification of nilpotent K-orbits in p was given when g is exceptional yet. I think that, on your problems 1),2),3), my methods, which are used in classical cases, cannot be used when g is exceptional. Therefore I'm not working on your problems. And I also think that the answers to your problems have not been given yet by the others.

I hope you will be able to do a good study.

Sincerely yours

Takuya Ohta

Speech delivered on the occasion of the retirement of Professors T. Gaffney and D. King
Northeastern University Boston, MA, USA

April 11, 2019

I am delighted to be here and grateful to have been given the opportunity to say a few words about two men who have played such important rôles in my life and that of many others, and for whom I have developed much fraternal affection and respect over the last 34 years.

I emigrated to the United States from Haiti in 1982 at the age of 25. I was trained by French engineers in a technical field called "Electrotechnique". However, I did spend a considerable amount of time studying mathematics and philosophy with Haitian friends and mentors in what you might aptly describe as a nineteenth European context. You would be forgiven for inferring that, at that time, my cri de guerre was that of Cato the Elder "Carthago delenda est".

The first time I met Professor Gaffney was in the Spring of 1984. I was a student in his Numerical Analysis II class. He quickly realized that my mathematical background was more sophisticated than that of an average student and proceeded to inquire about it. He asked me to speak to Professor Varga who was a Francophile and aware of the mathematical level within the French system. The following interview with Professor Sherman went well, and after some discussions concerning analysis and modern algebra, I was allowed to sit for the Masters Diploma and awarded a teaching assistantship.

During that time, Professor Gaffney was my advisor and helped me navigate the very unfamiliar registration process. He also made sure that I knew that his door was always open for discussions. After finishing, the requirements for the Masters Degree, he invited me to apply for the PhD Program, and I did. But, I had to leave within the first year to take a position as a Software Engineer in industry; however, I maintained contact with the Department and even learned elementary Differential Geometry from Professor Gaffney. This turned out to be a fateful decision, for my work was concerned with developing software for early Computer Aided Design and Manufacturing systems. Some of the sessions even took place at Professor Gaffney's house. I do not have adequate words to describe what this kind of unwavering support meant to me. And, I do not think I ever will. Thank you, Professor Gaffney.

After seven years in industry, I contacted Professor King with whom I had developed a friendly relationship during my previous years as a Masters student. I did not take any course with him, but was told by Professor Iarrobino that he works in a very difficult field called Lie Group Theory. Of course, for a while, I was puzzled by his pronunciation of Lie, which, I assumed, was just another linguistic mutation that no one can really explain. I told Professor King that I would like to resume my doctoral studies and inquired about the remote possibility that he might accept me as a research student. He accepted at once. My reputation, apparently, did not precede me. But his had preceded him. Professors Jekel, Gilmore and Galmarino provided me with financial assistance during those years. I learned a fair amount of Lie Theory and related topics and was put to work on a problem concerning the classification of nilpotent orbits of real Lie groups. During, these five years, not only he met with me regularly for discussions, he also pointed me to sources likely to provide helpful suggestions; and whether at a conference in Banff or a seminar at MIT, he always made sure to expose me to the new ideas and emerging research trends. That type of training paid off. I was able, under his guidance, to write a decent doctoral thesis, which, with recommendation letters from him, Vogan, and Iarrobino, helped me secure an Assistant-Professorship at the University of Massachusetts Boston, in September 1998. I was forty-two years old at the time. I have been there since. I was able to develop new lines of research and help rebuild a Department that had not hired a Mathematician for more than 35 years prior to my arrival and that of Maura Mast. I doubt that I could have succeeded in these endeavors without the continuing mentorship of Professor King. Thank you.

In the Summer of 1996, as I was in the middle of the writing process, Professor King invited me to CAARMS, Conference for African American Researchers in the Mathematical Sciences. It was an incredible experience; it was also the beginning of several lasting friendships that have greatly solidified over the years. I will be attending CAARMS in Princeton this June and so will he.

Having said all that, I strongly believe that the greatest accomplishment of Professor King and his wife Vivien is to have raised two outstanding sons who have started to make their own contributions to society.

To me, Professor Gaffney and Professor King are the best examples of each side of a metaphysical coin abstracted from an unfortunate encounter that occurred over five hundred years ago, at the mouth of the still waters of our common baptism. They are indeed, examples of what Raymond Aron called men of action. A man of action is the one who, in a singular and unique situation, chooses to act according to his own principles and thus, introduces a new parameter in the flow of Determinism.

It was a great privilege to learn at their feet and I wish them much fulfillment in their next endeavors.

Thank you and good luck!

Alfred Noël
Boston, Massachusetts
April 10, 2019